LAVORO DA CASA

Call Center e Lavori di Assistenza Clienti

Allison Bernands

LAVORO DA CASA

Call center e lavori di assistenza clienti

Autore Allison Bernands

@ 2019-2020

SOMMARIO

9. LAVORARE A CASA AZIENDE.

RIFERIMENTI

"Lavorare da casa non è solo stare a casa e guardare i tuoi conti bancari crescere, lavorando da

casa significa lavorare da casa !!! "

Lavorare da casa è molto più lavoro di quanto la maggior parte della gente pensi. È un lavoro come qualsiasi altro, eppure lo stai facendo comodamente da casa tua.

Alcune persone pensano che la maggior parte del giorno non fai niente, o come ti senti. Devi convincerli che stai davvero lavorando.

COME LAVORARE DA CASA E QUELLO CHE HAI BISOGNO

Quale momento migliore per cercare opportunità di lavoro a casa di adesso ?! Con l'autunno in arrivo e il lavoro part-time che gli studenti stanno facendo questa estate finirà presto. Forse quest'anno potrebbe essere finalmente un anno per il legittimo telelavoro, (Working from Home), il successo per tutti voi.

Se questo è davvero il *tuo* "obiettivo", allora hai scelto il libro giusto. I lavori che ho inserito in un elenco di questo libro sono lavori reali, sia come dipendente che come imprenditore indipendente. Spero che raggiungerai i tuoi obiettivi quest'anno. Non ci sono sondaggi, pagati per leggere e-mail, Affiliati, che non fanno soldi.

Lavorare da casa non è così semplice come sembra. Devi essere ben attrezzato e ben organizzato, che è ciò che è necessario per lavorare da casa.

Ora più che mai, ci sono molti modi per lavorare da casa, purché sia di mentalità aperta e desideroso di uscire dalla tua zona di comfort o dalla tua scatola. Quindi con questo in mente, 2013-14 potrebbe essere il *tuo* anno di successo.

Ora, davvero non voglio travolgerti con tutte le possibilità al momento. Avrò presto altri libri su altri modi di lavorare da casa.

Quindi mi concentrerò su uno dei migliori modi legittimi per guadagnare soldi da casa. Nell'elenco che è incluso in questo libro troverai molte opportunità di lavorare da casa nel servizio clienti e di vendita di telefoni e sondaggi.

Quanto segue è una descrizione di base di ciò che autorizza un lavoro di assistenza clienti.

* Requisiti del servizio clienti *

Se sei una persona, ami parlare al telefono, e fondamentalmente ami parlare con le persone, e avere una personalità molto paziente, e divertiti a ricevere e inviare e-mail, chattare con gli amici, allora un'opportunità di servizio al cliente potrebbe essere una buona idea per te. Potresti anche avere qualche tipo di esperienza in altri lavori che trattano con i clienti, che si tratti di cameriera / cameriere, di un imprenditore.

C'è anche il fatto che molte volte *si sono* il cliente, e dovrebbe sapere come *si* vorrebbe essere trattati.

Questo è qualcosa da ricordare quando si parla di un cliente. **TRATTARE IL CLIENTE COME *VUOI* ESSERE TRATTATO !!** Ricorda che lavora come rappresentante del servizio clienti per qualsiasi azienda; *tu sei* il volto e / o la voce della compagnia, tu rappresenti la compagnia.

Servizio clienti I lavori sono altamente raccomandati nel settore quando le persone cercano opportunità di lavoro da casa legittime. Probabilmente è una delle poche opzioni in grado di farti guadagnare dei soldi decenti.

Ma non è giusto per tutti, soprattutto se non hai l'atteggiamento giusto, ovvero sei troppo timido, o semplicemente non ti piace parlare con le persone, o non hai l'ambiente giusto a casa (cioè uno o più bambini correndo urlando a squarciagola, con i cani che abbaiano, o generalmente troppo rumore), potrebbe non essere adatto a *te* .

Ho esaminato diverse opportunità di call center virtuali e ho anche un sacco di lavori di call center nella mia lista al capitolo 10. Quindi è sicuramente un campo che è richiesto e probabilmente resterà per un po '.

Quindi, se hai il giusto set up e personalità, è qualcosa che dovresti esplorare nel 2013; soprattutto perché è uno dei tipi più remunerativi e legittimi di opportunità di lavoro a casa.

Ecco una lista delle basi di ciò che è necessario per lavorare da casa; per lo più sono il minimo dei requisiti;

• Una zona di lavoro tranquilla senza distrazioni (cioè senza animali, bambini, rumori esterni come tosaerba, ecc.), Preferibilmente una stanza con una porta chiusa. Non dovrebbe essere vicino a un letto o a una TV o altre distrazioni.

• Organizzati con una lista di cose da fare o con un ordine del giorno, sia su carta che online. Questo sarà molto utile per non sovraccaricare te stesso.

• Una sedia comoda con una scrivania del computer, poiché probabilmente starai seduto per lunghe ore.

• Un monitor del computer con una Pixel / risoluzione minima di 1024 x 768. Tutti i monitor da 17 pollici e alcuni modelli da 15 pollici più recenti (se non si è sicuri, fare clic con il pulsante destro del mouse sul desktop, selezionare Proprietà, quindi Impostazioni)

- Un computer abbastanza recente (preferibilmente un PC e non un MAC), un dual-core, con almeno 1G di RAM e molto spazio su disco. Un PC può essere aggiornato ed è il tipo di computer che viene utilizzato di più.

- Software di base come; Windows XP, Vista, Windows 7, Internet Explorer 7.0 o versioni successive, Microsoft Office, inclusi Microsoft Word ed Excel, WinZip, Adobe Acrobat Reader, e-mail e software di chat.

- Software antivirus e antispyware e un firewall installato. Se non si dispone di Microsoft Office è possibile ottenere Open Office, e qualsiasi altra cosa è necessaria in base al lavoro che si sceglie di fare.

- Siate esperti di computer, poiché la maggior parte del vostro lavoro verrà eseguita sul vostro computer, avrete bisogno di essere esperti di computer. Le basi sono come utilizzare software diversi, come; Parola, e-mail, chat ecc. Come aggiornarli e come scaricare software diversi. Avrai anche bisogno di sapere come installare e disinstallare il software.

- Internet ad alta velocità con download e upload **illimitati** e nessuna connessione wireless, dial-up o satellitare.

● Una linea telefonica separata solo per lavoro, senza funzioni speciali (ad es. Avviso di chiamata, segreteria telefonica, ecc.). Alcuni tipi di connessioni non sono consentiti come; Magic Jack, Skype, VoIP, telefoni cellulari, cordless / wireless.

● Un auricolare con microfono preferibilmente con un cavo e funzione di silenziamento, potrebbe essere collegato direttamente al telefono o tramite una connessione USB, dipende da ciò che l'azienda desidera .

● Una stampante con scanner, fax e fotocopiatrice. A seconda di ciò che si stampa, è possibile scegliere tra una stampante laser o a getto d'inchiostro. Con una stampante laser è possibile stampare di più e di solito costa meno per pagina rispetto a un getto d'inchiostro. Una stampante a getto d'inchiostro è in grado di stampare a colori e di solito è di tipo all-in-one (inclusi scanner, fotocopiatrice, fax e, naturalmente, stampante). Di solito entrambi sono pratici, dal momento che i prezzi delle stampanti sono meno costosi di quelli che erano in passato. È ora possibile ottenere una stampante laser per circa

$ 60, e un getto d'inchiostro per circa lo stesso prezzo. ● Un distruggidocumenti per distruggere le informazioni personali. ● Uno schedario per mettere tutti i tuoi documenti importanti,

soprattutto se sei un imprenditore indipendente. ● Le forniture di base per l'ufficio; ● Penne Matite

- Carta

- Graffette

- Una rubrica

- Cartucce d'inchiostro

- Appunti / Post-it   Se non si dispone di tutta l'attrezzatura necessaria, è possibile iniziare lentamente con il computer, la scrivania e la sedia e una connessione Internet. Il resto dell'apparecchiatura può essere aggiunto in seguito in base al budget.   C'è anche una *certa disciplina* necessaria per separare la tua vita personale dalla tua vita professionale. Vedi il capitolo seguente per saperne di più.

3. Lavorare da HomeRequires SELF-DISCIPLINE

Lavorare da casa richiede generalmente molta più autodisciplina rispetto a lavorare in un ufficio fisico, come un normale dipendente in un lavoro da 9 a 5.

Dal momento che non esiste un Manager che stia guardando da dietro le spalle per monitorare da vicino le attività lavorative; è vitale che tu sia in grado di lavorare in modo indipendente. Inoltre, devi lavorare il più accuratamente possibile per conto tuo. Dovresti anche essere in grado di riconoscere potenziali problemi e risolverli man mano che si presentano (risoluzione dei problemi).

Anche se il tuo manager è solitamente vicino come una telefonata o via e-mail, se hai bisogno di aiuto con qualcosa di urgente. *Sei* la persona responsabile delle tue attività lavorative e assicurati di raggiungere i tuoi obiettivi ogni giorno.

AFFARE CON DISTRAZIONE;

Il più grande test di autodisciplina riguarda le distrazioni e le interruzioni.

Devi assicurarti di ridurre al minimo le distrazioni durante il tuo orario di lavoro. Ciò significa **niente Internet** , **niente lettura** , **niente TV, niente parlare al telefono per motivi personali** . Faccende personali e lavori di casa, come il resto può essere fatto a pranzo o durante le pause. Questo può essere difficile finché non sviluppi la tua routine.

Alcuni giorni possono essere più difficili di altri. Potresti svegliarti con gli occhi sbarrati e con la coda a cespuglio, pronti per iniziare la tua giornata di lavoro, ma potresti camminare dalla tua biblioteca sulla strada verso la tua scrivania, e un *libro* potrebbe attirare la tua attenzione ....

Raccogliere il *libro* "solo per un secondo" può distrarti per forse un'ora o due, mentre leggi la descrizione del libro e poi ti immergi nella storia ... e poi potresti perdere una mezza giornata di lavoro. (*Questo non è possibile se lavori per un datore di lavoro con orari prestabiliti per la tua giornata).*

Resisti a questa tentazione !! Il *libro* sarà ancora lì più tardi quando finirai di lavorare.

E se c'è un certo programma TV che ti piacerebbe guardare è solo mentre lavori, la cosa migliore da fare è provare a registrare o salvare lo spettacolo nel dispositivo via cavo, in modo che tu possa guardarlo più tardi .

Puoi anche farti registrare da un amico o un familiare. Preferibilmente dovresti guardarlo quando hai finito di lavorare o quando hai tempo a tua disposizione.

AFFARE CON AMICI E FAMIGLIA:

Una volta che hai sviluppato la tua routine per lavorare da casa, scoprirai che amici e familiari non sempre capiranno che stai davvero lavorando (*dato che sei a casa*), e potrebbero interromperti di volta in volta.

Ho avuto i miei problemi con questo all'inizio, sia che venissi interrotto o guardando la mia famiglia che si divertiva in qualcosa, e tu desideri che tu possa essere lì con loro.

Fare il tuo lavoro e assicurarti che la tua famiglia e i tuoi amici non si sentano trascurati può essere una vera sfida. Il modo migliore per farlo è avere un incontro con la tua famiglia e parlare con i tuoi amici con la massima delicatezza e diplomazia, che non sei disponibile per le ore in cui lavori.

Quando lavori, devi spegnere la suoneria dalla tua casa e dal telefono cellulare, lasciare che lasci un messaggio.

Puoi controllarli quando sei in pausa e vedere quanto sono urgenti. Se il tuo spazio di lavoro ha una porta, assicurati che sia chiusa, e quando lavori metti un cartello sulla porta dicendo qualcosa come *"AL LAVORO NON DISTURBARE"*.

Quelli di voi che possono mantenere l'autodisciplina per lavorare efficientemente da casa, impareranno ad amare la libertà che ne deriva. Soprattutto, una volta che ci provi potresti non voler più tornare al vecchio 9-5 Job.

4. CONSIGLI SU COME LAVORARE DA CASA CON SUCCESSO

Lo sapevate?

Alcune persone pensano che lavorare da casa sia davvero facile, significa che hai tutti i vantaggi di restare a casa e nessuna responsabilità, è proprio come tutto il resto: ha i suoi**pro e contro** , e lavorare da casa con successo è più difficile di quanto pensi .

Questo mi ricorda che in un lavoro normale che ho avuto, c'era così tanto lavoro da fare che ho chiesto il permesso di portare un po 'di lavoro a casa. Tutto quello che dovevo fare poteva essere fatto virtualmente, a condizione che avessi i miei codici per entrare. C'era persino un programma che monitorava il tempo trascorso sul registro delle aziende. Allora ho inserito le ore che ho fatto nel mio timesheet.

Il problema con questo è che le persone nell'ufficio stavano diventando gelose di poterlo fare e loro non erano autorizzati. Poi ho poi capito che non erano solo gelosi, ma che *non sapevano come fare il loro lavoro da casa.*

Ora torniamo ad alcuni dei pro e contro del lavoro da casa; PROFESSIONISTI

1. **NESSUN ALTRO COMMUTING; Non svegliarti più presto per correre al lavoro, puoi dormire un po 'di più visto che ci sei già. Ciò significa non più pendolarismo al lavoro, in genere si può essere bloccati nel traffico o avere un lungo tragitto con i mezzi**

pubblici. Questo richiede molto tempo e richiede molta energia, dal momento che potrebbe richiedere tra 30 minuti. a 2 ore per alcuni di andare al lavoro. Quindi ti dà più tempo per mangiare una colazione ben bilanciata e avere più tempo con la tua famiglia.

2. PIÙ FLESSIBILITÀ; La maggior parte delle aziende ti offre orari flessibili o orari diversi che potrebbero soddisfare le tue esigenze, oppure se sei un appaltatore indipendente puoi sistemarti ore di lavoro finché sei produttivo nel realizzare ciò che deve essere fatto. Avere orari flessibili è un enorme vantaggio per alcuni; puoi goderti una corsa fuori casa, andare in palestra, fare commissioni e portare i bambini agli appuntamenti del dottore. Tutto ciò può essere realizzato durante la giornata lavorativa, a seconda del lavoro svolto e della sua flessibilità.

3. SA VING SOLDI E L'AMBIENTE; Non avere pendolarismo può farti risparmiare soldi

per il gas, e con il costo del gas che passa attraverso il tetto, non dover guidare per andare al lavoro o altrove è importante per tutti coloro che sono coscienti dell'ambiente.   Lavorare da casa può anche farti risparmiare soldi sul cibo, quante volte sei tentato di comprare un muffin o un bagel da mangiare alla tua scrivania la mattina, e qualche volta mangi al bar perché non lo hai fatto; o avere voglia di pranzare o non avere tempo.   Working from Home ha anche il vantaggio ambientale di risparmiare energia e ridurre l'inquinamento. Questo è davvero un buon vantaggio che rende felici molti umani essendo in armonia con l'ambiente.

4.   **PRODUTTIVITÀ INCREMENTATA;**   Se l'ambiente del tuo ufficio è organizzato al punto da poterti concentrare sul tuo lavoro, sarà necessario fare di più.Questo è forse il più sorprendente dei vantaggi di Working from Home.

Questo è se puoi lavorare senza le distrazioni di (bambini, TV, rumori, ecc.); altrimenti potresti voler ripensare alla possibilità di lavorare da casa.

Di solito una tipica giornata d'ufficio è rumorosa, la gente parla al telefono, i telefoni squillano e i colleghi arrivano per chiacchierare o chiedere consigli, il suono delle stampanti, altri colleghi che parlano. A casa tutti queste distrazioni non ci sono, ma naturalmente ci sono altri, ma li *si* può controllare. Puoi quindi concentrarti maggiormente sul tuo lavoro anziché sulla politica dell'ufficio e sui pettegolezzi.

CONS

1. IL BRAINSTORMING È DIFFICILE

Uno dei maggiori problemi di Working from Home è la comunicazione. Quando parliamo molte informazioni sono fatte tramite il linguaggio del corpo, e questo è difficile da fare attraverso il telefono o Skype. Questo è particolarmente difficile durante il brainstorming con molte persone.

Le conversazioni regolari di one-on-one sono molto più semplici, ma alcune che richiedono una lavagna sono ancora meglio fatte di persona.

*** *Si noti che questo dipende dalla società,*
ho lavorato per una società che ha dato formazione attraverso un programma speciale su cui il Manager poteva scrivere e tutti potevano vederlo sul proprio computer. ***

2. **NON LASCIATE MAI LAVORO   Questo è il pericolo di lavorare da casa, è sempre lì. Alcune persone potrebbero essere tentate di lavorare di più, controllare le e-mail e lavorare ogni volta che hanno una possibilità, dal momento che c'è sempre qualcosa da fare è molto allettante.   Per alcuni, questo non è ancora un problema per altri potrebbe essere, soprattutto se sei un appaltatore indipendente. In caso contrario, a volte vorresti controllare il tuo programma per il giorno successivo, cosa è necessario fare o qualcosa che hai lasciato incompiuto. Questo può ridurre i benefici del trascorrere del tempo con la tua famiglia.**

3. **I PERICOLI DI MUOVERE E LONELY;   La dinamica dell'essere in un ambiente d'ufficio ci stimola in modi**

che non abbiamo Lavorare da casa. Il contatto umano con qualcuno è davvero importante per far emergere la propria creatività.

A volte possiamo sentirci isolati dagli altri e sentirci soli. È importante essere in grado di lavorare in modo indipendente, tuttavia se ti senti isolato, solo e annoiato a volte, è importante uscire di casa una volta ogni tanto.

Esci per pranzo invece di restare in casa, fai una passeggiata durante una pausa e chiama un amico durante l'ora di pranzo o una pausa. Sicuramente rompe la tua routine a volte, e ti fa sentire meglio. Ci sono anche alcuni siti con forum che possono darti più idee come questa; **http://www.wahm.com/** , in questo sito ci sono un sacco di informazioni e suggerimenti per aiutarti.

Ci può essere più lavoro a cui puoi pensare quando ottieni quel sogno Job of Working from Home. Molto probabilmente i benefici di Working from Home superano il CONS per molte persone.

Sempre più persone e aziende scoprono che lavorare da casa fa più bene che male. Risparmia tempo e denaro alle aziende e alla persona che lavora da casa e, se sei soddisfatto, la tua produttività è maggiore rispetto al lavoro in ufficio.

4.1 ULTERIORI SUGGERIMENTI SUL LAVORO A CASA

Lavorare a casa può fornire molta flessibilità a seconda del lavoro. Puoi lavorare quando ne hai voglia o avere un programma flessibile se hai bambini, per orientarti nelle loro attività. Sfortunatamente, lavorare a casa può anche essere una sfida se non sai come organizzare il tuo tempo e diventare distratto. Se vuoi lavorare con successo da casa, devi sapere come prepararti al lavoro ogni giorno e rimanere professionale, concentrato e organizzato. Se vuoi sapere come lavorare da casa con successo, basta seguire questi passaggi;**PREPARARSI PER IL LAVORO**

Preparati come se avessi davvero intenzione di lavorare fuori casa, vestirti e truccarti. Ti sembrerà più professionale. Se stai in pigiama, potresti voler tornare a letto. Il modo in cui ti senti è il modo in cui ti proietti. Sorridi quando parli al telefono, mostra nel modo in cui parli che sei felice di fare il tuo lavoro .

1.2. Mangia prima di lavorare al tuo tavolo o in qualsiasi altro posto in cui mangi in cucina. Non mangiare alla scrivania, non è professionale al lavoro, così come lavorare da casa. Questo potrebbe distrarti da ciò che devi fare. Mangia una sana colazione che ti darà una carica di energia, la colazione è il pasto più importante della giornata !!

1.3. **Preparati a lavorare nello spazio di lavoro designato.** Assicurati che il tuo spazio di lavoro sia diverso dal resto della casa, che sia grande o piccolo, ma dovrebbe avere una porta ed essere privo di rumore. Questa area dovrebbe essere utilizzata solo come spazio di lavoro e nient'altro, tutto dovrebbe essere organizzato qui e in nessun altro posto nella casa.

ESSERE ORGANIZZATO   1. Annota il tuo programma per il giorno, la settimana,

e mese Se lavori come impiegato a tempo pieno o part-time, puoi inserire i turni se li conosci in anticipo. Se sei un appaltatore indipendente di quanto puoi scrivere gli obiettivi che hai in mente. Tieni a portata di mano un'agenda o un pianificatore per scrivere tutto questo, ad esempio riunioni, formazione e programma. ***** Assicurati di guardare il tuo pianificatore prima di iniziare la giornata !! ****

2. Mantenere una lista di cose da fare

killer. Avere una grande lista di cose da fare ti farà sentire più organizzato. Dovresti avere più di una lista di cose da fare, una per il giorno, una per la settimana e una per le cose da fare personali. Puoi quindi ricompensarti quando una lista è completata, facendo una pausa o facendo qualcosa di speciale per te stesso. ***** Assicurati di guardare la tua lista di cose da fare prima di iniziare la giornata !! *****

3.

Sii esperto con la tua attrezzatura. Essere in grado di padroneggiare con successo il tuo computer, telefono, fax, sistemi di stampa ti farà risparmiare tempo e denaro. Devi sapere della tua attrezzatura per avere successo; altrimenti avrai bisogno di qualcuno che ti aiuti, il che ti costerebbe denaro e tempo. Dovresti essere in grado di fare affidamento su te stesso per risolvere i tuoi problemi se dovessero presentarsi. Scopri tutto sul tuo computer e sui programmi necessari, sii il padrone del tuo telefono e come funziona, conosci anche tutto della tua stampante; come stampare, inviare fax, scansionare tutti i documenti e come cambiare le cartucce d'inchiostro quando devono essere cambiate.

4. Mantieni una scrivania organizzata in ogni momento. La tua scrivania dovrebbe contenere solo gli articoli necessari per il tuo lavoro dagli articoli di casa. Non dovrebbe esserci nulla relativo agli oggetti personali, come; fatture da pagare, documenti personali, ecc. Dovrebbe essere sempre pulito per essere ben organizzato, il che ti farà risparmiare tempo. Gli oggetti che dovrebbero essere lì sono;

• •

• • •

•

Penne e matite ordinatamente organizzate in un contenitore.

Un vassoio per conservare documenti importanti prima di archiviarli.

Avere uno schedario, che sia grande o piccolo, a seconda delle esigenze.

Forniture per ufficio, come; una spillatrice,
evidenziatore, post-it, ecc.

Non dimenticare di andare ergonomico, ovvero la
tua sedia, il modo in cui il mouse e la tastiera sono
posizionati, in modo da non farti male. Ecco un link
su come posizionare il tuo ufficio; (clicca sulla frase
per il link)

COME IMPOSTARE UN ERGONOMICO

WORKSTATION . *Il link è*
scritto sotto; *http://www.wikihow.com/Set-Up-an-*

Ergonomicamente corrette-Workstation

ESSERE PROFESSIONALE   1. Non reclamare le cose durante il lavoro.

Non dovresti mangiare alla tua scrivania, fare
commissioni o fare le faccende domestiche mentre
lavori. Potresti avere l'impressione di risparmiare
tempo, ma in realtà stai perdendo tempo a lavorare,
il che è poco professionale.

Evita anche di andare su internet e chattare per motivi personali mentre lavori. Questo ti stancherà anche più velocemente durante il giorno.

Puoi fare queste cose durante la pausa pranzo o dopo l'orario di lavoro. So che potrei ripetermi qui, ma non posso sottolineare abbastanza quanto sia importante essere ben organizzati e il più professionale possibile.

Sei l'unico responsabile del modo in cui il tuo modo di ritrarre te stesso e di essere a casa può facilmente essere fonte di distrazione, più che lavorare in un ufficio normale.

2.

Mantieni una comunicazione professionale per telefono e Skype.

È necessario disporre delle migliori capacità di comunicazione, in particolare con i tuoi colleghi di lavoro.

Quando sei in una chiamata in conferenza sul telefono o su Skype, dovresti essere professionale, se non di più con i tuoi colleghi, in modo che tu possa essere ascoltato, specialmente dal momento che lavori da casa.

I tuoi collaboratori non ti conoscono personalmente o in altro modo, ti vedono solo tramite Skype o ti ascoltano tramite il tuo telefono.

Assicurati che quando parli con i tuoi collaboratori sia in uno spazio tranquillo, senza bambini, animali o rumori esterni. Per il tuo **ambiente Skype** assicurati di avere un sacco di illuminazione e uno sfondo piacevole.

3. Non lasciare che amici e parenti interferiscano con il tuo programma di lavoro. Rendili consapevoli del tuo orario di lavoro quando non sei disponibile e in realtà stai **"Lavorando da casa"** . Come ho detto prima, sulla tua porta chiusa a casa puoi dare un segno di; **"NON DISTURBARE"** o **"AL LAVORO TENERE FUORI A MENO CHE È UN'EMERGENZA"** ecc ... Sta a te decidere cosa funziona meglio. Inoltre, scollegare o silenziare la suoneria sui telefoni personali, ad esempio il normale telefono di casa e il telefono cellulare. Se hai dei bambini, rendi il tuo programma abbastanza flessibile da lavorare intorno alle loro ore, quando sono a scuola o a scuola.

4. Rimani connesso. Conosci i tuoi colleghi di lavoro anche se lavori da casa. Sviluppa relazioni professionali con loro tramite e-mail, chat e su Skype o una chat personale fornita dalla società. Questo renderà più facile quando hai bisogno di consigli o di alcuni servizi da loro. Saprai chi raggiungere se si verifica un problema e conosceranno meglio te.Assicurati di essere raggiungibile anche in qualsiasi momento.

5. Fai una distinzione tra la tua vita professionale e la tua vita familiare.

La cosa più difficile del lavoro da casa è che tutto è a tua disposizione in ogni momento. Quello che devi fare è impostare le tue ore per non lavorare più del necessario per mantenersi sano e avere più tempo con la tua famiglia.

Tieni sempre tutte le cose relative al tuo lavoro e / o ai tuoi lavori se sei un freelance separato dai tuoi oggetti personali. Se non hai tempo per fare qualcosa e il tuo turno è quasi finito, o hai fatto le ore necessarie, mettilo nella tua lista di cose da fare per il giorno successivo.

*** Un altro piccolo consiglio per motivi finanziari; se apri la tua attività (es. come un appaltatore indipendente) potresti aver bisogno di un numero EIN per gli Stati Uniti e un numero di Business per il Canada. Per un appaltatore indipendente è necessario anche un **conto bancario separato** . ***

SITO USA: http://www.irs.gov/Individuals/Self-Employed- **Informazioni su ciò che è necessario fare per ottenere un numero EIN e altro SITO** CANADESE: **http://www.cra-arc.gc.ca/ tx / bsnss / menu-**

eng.html - **Informazioni dal numero BN alle informazioni fiscali.**

5. CONTRATTO INDIPENDENTE E DIPENDENTE

CONTRATTORE INDIPENDENTE	**DIPENDENTE**
Indipendente gli appaltatori hanno la libertà di **impostare le proprie ore e lavorare**	Un dipendente ha un programma da seguire, a volte per lavorare tra 20 e 40 ore alla settimana. Ci potrebbe essere una certa

secondo *i propri* **ritmi** , purché possano rispettare il loro impegno lavorativo per lavorare almeno 20 ore settimanali durante il normale orario lavorativo!	flessibilità del programma che scelgono, cioè i giorni e il numero di ore. Eppure questo deve essere rispettato.
IL VANTAGGIO PIÙ GRANDE DI TUTTI: Il più grande vantaggio di lavorare come un Contraente Indipendente è la flessibilità finanziaria e il potere che hai dando	Limitato al programma che avete, se avete bisogno di avere il tempo libero per motivi personali, dovrete chiedere al vostro supervisore. Inoltre potresti dover recuperare le ore perse negli straordinari, o da
te stesso la libertà di guadagnare tanto (o poco) quanto vuoi. Più lavori più fai, se lavori meno ore fai meno, tocca a te. Un'altra cosa è che non hai il problema di essere licenziato, a meno che tu non smetta di lavorare. Scegli il lavoro	cambiando un giorno con qualcun altro. In caso di emergenza, dovresti avvisare il tuo Supervisore e recuperare il tempo perduto. Probabilmente cambi una giornata lavorativa con un altro dipendente.

che fai e quanto o quanto poco desideri. L'unico problema è che devi continuare a lavorare, se vuoi guadagnare di più.	
	I dipendenti non hanno i vantaggi di avere articoli fiscalmente deducibili, ma alcune cose per lavoro possono essere aggiunte come **spese di lavoro** nella dichiarazione dei redditi. Consultare un contabile per sapere cosa puoi fare
	Spese di lavoro, se possibile. Io vivo in Canada e so che questo è possibile, ma per gli Stati Uniti e altri paesi non ne sono sicuro. Una cosa che un Dipendente può avere è certa

| | Vantaggi. Ad esempio; Salute, assicurazione sulla vita, 401k, REER, ecc. Questi vantaggi sono disponibili per un appaltatore indipendente, ma devi pagarli.

Le detrazioni fiscali regolari vengono prese dall'assegno paga, ma per il contraente indipendente è necessario prevedere tali detrazioni per la dichiarazione dei redditi. |
| | Come dipendente, c'è sempre il timore che la compagnia venga ridimensionata, in bancarotta o semplicemente licenziata. |
| | Quindi c'è meno stabilità che essere un appaltatore indipendente. |

Alla fine la scelta è vostra per ciò che è più conveniente per voi.

,LAVORO DA HOME VS COMMUTING

PERMUTA	LAVORARE DA CASA
1. Prepararsi al lavoro ...	
Alzati all'alba ... o prima, vestiti di fretta ... trucco 5 min. Top e inciampare fuori dalla porta.	Dormi un po 'di più, rilassati non c'è fretta. Fai una doccia, se vuoi Prenditi il tuo tempo.
Se hai tempo per fare colazione, potrebbe essere un paio di sorsi di caffè mentre ti prepari il trucco. Quindi probabilmente afferrando a focaccina; sulla strada per lavorare, per mangiare al tuo	Fai una bella colazione, qualcosa di nutriente, prendi un caffè o due e rilassati.
scrivania.	
2. Arrivare al lavoro	
Assicurati di arrivare al lavoro	Non c'è bisogno di

in orario, e spero che tu non ottenga un biglietto per eccesso di velocità, o che ti facciano prendere dal traffico. O Aspetta l'autobus nel tempo gelido; o chiama un taxi se perdi il tuo autobus. O Car pool per accogliere gli altri.	passare attraverso tutto questo, sei già al lavoro e guardare gli altri correre fuori dalle loro case correre via.
A volte potresti perdere un giorno se c'è una brutta tempesta di neve ... o solo una brutta tempesta.	Nessuna scusa per perdere un giorno, il peggio che potrebbe accadere è se la potenza si spegne.
3. *I costi per andare al lavoro* **....**	
• Gas e petrolio e tutte quelle spese per l' auto	• No, se hai una macchina, è solo per piacere, e le commissioni che

• Il costo del bus o del taxi in caso di guasto della tua auto. • Tariffe di parcheggio se si lavora in centro. più lo stress se succede qualcosa alla tua auto. • Costi del gas che continuano a salire. e Costi di assicurazione • Un biglietto di accelerazione occasionale ... se sei in ritardo per il lavoro.	devono essere fatte, anche gli appuntamenti occasionali del medico e / o del dentista ". Anche se hai bambini, raccogliendoli al Day-Care, se necessario.
4. E infine la fine del giorno ...	
Alla fine della giornata, puoi guardare avanti per un'ora o più combattendo il traffico e l'odore nauseabondo degli scarichi.	Mentre la maggior parte delle persone si trova nel traffico dell'ora di punta, hai già finito e ti stai rilassando.
Speriamo che non ci siano incidenti o costruzioni	*La tua* giornata è finita

importanti a peggiorare il traffico, **potreste** farlo prima del buio.	ancora prima che altri uscissero dal lavoro.
Finalmente sei a casa e prova a rilassarti e scrollarti di dosso lo stress della giornata, e spera di rimanere sveglio abbastanza a lungo da passare del tempo con la famiglia. Allora pensi che forse le cose andranno meglio.	Mentre guardi gli altri tornare a casa, stai già passando del tempo con la tua famiglia. Non puoi fare a meno di pensare a quanto è migliore la tua vita da quando lavori da casa.

8. *COME EVITARE LE SCAM*

Con tutta l'esperienza che ho dal lavorare a casa, posso dirvi che li ho praticamente visti tutti. Ho visto le parti Good the Bad e Brutto di lavorare a casa, solo per scoprire che la maggior parte di loro sono truffe. Oh, alcune lettere di vendita sono davvero professionali e ti fanno credere nel loro clamore. Lo rendono davvero personale, come se fossero l'unico ad essere in grado di aiutarti, hanno visto gli SCAM e questo non è uno, HA! Sembra così facile, quando in realtà tutto quello che vogliono sono i tuoi soldi, sia per l'aggiornamento, in modo che tu possa fare di più per loro e non tu, o aggiungere altri prodotti e / o servizi. Un sacco di volte succhiano i tuoi soldi, e se non paghi il lavoro è molto più difficile. Ti lasciano da solo per fare le cose per cui ti stanno pagando, che non sono così facili come pensavi.

Nessuno ti dice veramente quali sono le truffe e come evitarli. Stai attento a dare troppe informazioni su te stesso su Internet. Ci sono molti siti che ti offrono anche kit GRATUITI per lavorare da casa, chiedendo il tuo nome, indirizzo e numero di telefono. Questo di solito dà accesso gratuito alle tue informazioni per ricevere alcune SCAM per telefono e per posta.

Ti parlerò di almeno due di loro che ho ricevuto;

1. Ho ricevuto una telefonata riguardante un'Opportunità di lavoro su Internet nell'industria della salute. Avrei ottenuto una configurazione GRATUITA del sito Web e tutte le informazioni con un contratto per posta. Il sito parlava di una compagnia di assicurazioni sanitarie che tutti avrebbero diritto a qualunque cosa. Questo era un problema negli Stati Uniti, eppure vivo in Canada. Eppure non importava dal momento che avrei avuto tutti gli strumenti necessari per commercializzare il sito e altro ancora. Il loro tono di vendita suonava davvero bene, e

tutto quello che dovevo fare è dare informazioni sulla mia carta di credito per le spese che erano circa $ 98 al mese, e una promessa che molte persone avevano bisogno di questo. Sono stato risucchiato, cosa che di solito non faccio, eppure mi sembrava così legittimo. Solo per scoprire in seguito che non ha funzionato, anche con tutto il marketing, non ho fatto un centesimo. In seguito volevano vendermi altri servizi,nel marketing e lo spingevano (per circa $ 6.000). Ecco quando ho deciso di cancellare tutto. Sono diventato fortunato!!

2.   Ho ricevuto un assegno per posta di $ 3000 al mio nome, con le istruzioni per cambiare l'assegno in una Credit Union di qualche tipo. Eppure dovevo inviarne una parte a persone diverse e mantenere circa $ 300 per me stesso. Non mi sono arreso a questo. L'ho ricercato

su Internet solo per scoprire che gli altri hanno ottenuto lo stesso, e il controllo è un FALSO, quindi se lo hai cambiato il controllo sarebbe rimbalzato e sei responsabile di pagare l'importo alla banca.

Di solito quando un'offerta sembra troppo bella per essere vera, è !!! Tutte le offerte che ti chiedono di dare denaro per ottenere informazioni, un e-book o qualche tipo di prodotto che non puoi fare a meno, è una truffa.

Il più delle volte sarai tentato di comprare qualunque cosa stiano offrendo, dal momento che sembra così semplice, ma non lo è. Alcuni dei prodotti offerti saranno programmi o informazioni che è possibile ottenere GRATUITAMENTE o che è possibile fare da soli senza l'utilizzo del prodotto. Un esempio è un prodotto che ho acquistato per automatizzare la promozione dei miei siti Web, solo per avere un programma che mi ha fatto applicare a molti blog diversi, e quindi il programma aggiungerebbe automaticamente informazioni a questi blog. Avrei potuto farlo copiando e incollando le informazioni da solo.

Molti prodotti sono dotati di un sito Web automatizzato, impostato per te, con i prodotti e il tuo PayPal (o

Alert Pay, ecc.) Account allegato in modo da ricevere i pagamenti. I problemi con questi siti sono;

- A volte i prodotti sono obsoleti e non sono richiesti, e molte altre persone hanno lo stesso.

- Alcuni sono quasi impossibili da configurare, ti inviano un download di file, eppure non sai cosa fare con loro. (Avresti bisogno di Dreamweaver o di qualche altro programma per configurare il sito web.)

- Il sito sarà configurato, tuttavia per renderlo più commerciabile sarà necessario aggiornare e acquistare alcuni altri servizi.

- Il problema più grande è MARKETING del tuo sito per essere visto. Se nessuno lo vede, non avrai vendite. Il marketing è un altro problema tutti insieme !! (Questo è il punto in cui ho scoperto che con il marketing via e-mail gratuito molte delle e-mail che ricevete in cambio sono simili a quelle che state annunciando).

• La maggior parte delle truffe ti chiederà di commercializzare il sito, ma non hai prove che funzioni. Non hai ancora fatto soldi con questo.

C'è un altro tipo che dovrebbe essere evitato, ci sono molti siti che sono LIBERI di aderire, ma devi aggiornare per ottenere maggiori informazioni. Altrimenti non verrai pagato.

- Sondaggi retribuiti e siti di opinione non pagano, di solito emettono tagliandi o vengono inseriti in lotterie per vincere denaro.

- Pagato per leggere e-mail, navigare sul Web, non pagare troppo, promettono una grande quantità di denaro in anticipo e pagare un importo troppo buono per essere vero. Devi effettuare l'upgrade anche per questo, per essere pagato più velocemente, e ancora non pagano.

- I lavori di inserimento dati e tutti quelli che non richiedono esperienza di solito chiedono di pagare per informazioni. La voce Dati che è più probabile che fare è pubblicare annunci su questo processo di inserimento dati. (Ad esempio, mi sono innamorato di una directory di lavori per $ 25, e quando ho ottenuto la directory con le informazioni su come usarlo ... ah! Fondamentalmente ho dovuto pubblicare annunci e Market ovunque potessi ottenere $ 25 per le stesse informazioni che ho ottenuto. Quella era la data entry da fare !!)

- Diffidare dei siti che sono LIBERI di aderire o offrire un e-Book gratuito, perché in seguito si sono inondati di offerte e-mail di tutti i tipi. Le e-mail ti vengono inviate con offerte, basta eliminarle, sono per lo più truffe.

8.1. SCAMMI MLM

Ricorda Amway ... Questa è stata la grande mania degli anni '70 -'80. Ora ci sono Melaleuca, Herbal Life, Avon e Tupperware per nominarne alcuni. Queste sono tutte società MLM, ovvero Marketing a più livelli. Queste aziende hanno buoni prodotti, ma per guadagnare ancora più denaro devi reclutare persone. Più persone hai sotto di te che fanno vendite, più soldi fai e così via. Quello che succede di solito qui è che usi tutta la tua famiglia e i tuoi amici (per vendere i prodotti) e finisci per comprare i prodotti, visto che sono buoni, e poi rimangono bloccati. Allora ti chiedi come hanno fatto tutti gli altri a diventare ricchi, a fare le vacanze ea vivere la vita che vogliono. Molto semplice, ti fanno guadagnare soldi e tutti gli altri che puoi convincere ad entrare in azienda !!! Quelli in cima guadagnano di più, mentre lotti per reclutare solo una persona!

Non sto dicendo che queste aziende non sono buone, ma se sei una persona molto convincente e brava nelle vendite, potrebbe essere qualcosa per te. Devi solo tenere a mente che con queste aziende, non sono le vendite dei prodotti che farai più soldi. In realtà sta reclutando persone nella compagnia che è la cosa migliore. Vedete che succede, fate anche una commissione sulle loro vendite e, se assumono, date delle commissioni anche a quelle che assumono, e così via e così via .....

Riesci a credere che abbiano anche un sito Web per MLM? Ho trovato questo sito davvero interessante; **SITO MLM !!!** ,

http://www.businessforhome.org/

Un sacco di informazioni sono su questo sito su diverse società, se è qualcosa che ti interessa guardare, andare avanti. È solo che per me ho fatto almeno Tupperware e Avon. Ho venduto prodotti, ma non ho mai potuto far entrare nessuno. Avrei finito per comprare prodotti con i miei profitti solo per rovinarmi. Inoltre dipende dal motivo per cui vuoi essere coinvolto, fare soldi o trarre profitto dai vantaggi di ottenere prodotti economici o gratuiti. Ho deciso per me su quest'ultimo, ho adorato anche i prodotti.

8. 2. DOVE SEGNALARE UNA SCAM

Ho trovato un sito che può raggruppare molte persone insieme per segnalare una truffa e fare un'azione collettiva contro le aziende, e questo non è solo per i posti di lavoro. Esistono altri tipi di società che faranno quasi tutto il possibile per truffarti, specialmente se non leggi la stampa fine o non fai ricerche sull'azienda. Scopri le società che potresti essere tentato di dare soldi a. Anche se è per una prova gratuita di qualcosa di interessante, fai attenzione, c'è quasi sempre qualcosa nella stampa fine se non fai ricerche sull'azienda. Quello che segue è un buon sito; **SCAM BOOK** , e dare un'occhiata al reclamo per la società nel link. **http://www.scambook.com/company/view/11 3899/Coll agentaluxcom**

Questa particolare azienda ha fornito campioni gratuiti di un buon siero viso per le donne. Tutto ciò che doveva essere pagato era la spedizione, quindi quello che serviva è un nome e un indirizzo per inviarlo e una carta di credito per pagare il costo di spedizione che è solo di circa $ 6, Wow !! La prossima cosa che succede è che la tua carta di credito viene addebitata in un secondo momento un importo di circa $ 150 !! Perché? Con l'offerta di prova gratuita nessuno si accorge, o non trova la stampa fine che dichiara sul proprio sito quanto segue;

COLLANGENTA LUX -
https://collagentalux.com/trial.php

Questo è ciò che afferma; *Acquistando la
prova speciale del nostro Siero attivo
Collangenta, pagherai solo per la spedizione e
la gestione al momento dell'ordine e avrai **14
giorni** (dopo l'elaborazione e i tempi di
consegna) per provare i nostri prodotti
e **restituirli se non sei soddisfatto al 100%. Se
scegli di conservare il kit, ti verrà addebitato
l'intero costo di $ 148,82** . L'addebito apparirà
sul tuo estratto conto come Collagentalux.com
8553359518*

1

Programma di ricarica automatica : *quando ti
iscrivi al nostro* programma di ricarica *automatica* ,
ti invieremo automaticamente un rifornimento dei

prodotti ordinati in base alle nostre linee guida di rifornimento comuni (normalmente *ogni 30 giorni di calendario*). *La carta verrà* **addebitata di $ 98,82 di** *conseguenza al momento della spedizione del* pacchetto di rifornimento. La ricarica automatica può essere annullata in qualsiasi momento semplicemente accedendo al tuo account.

Tuttavia questo non è indicato quando dai le tue informazioni per ottenere il **PRODOTTO GRATUITO** , lo vedi solo sul loro sito, e non hai ricevuto l'offerta dal loro sito !! Le persone vengono **truffate** per avere l'importo di $ 150 sulle loro carte di credito o sui loro estratti bancari, e poi i $ 98 per la ricarica automatica. Quel che è peggio è che non lo sapevano e non lo autorizzavano.

Gli altri siti da riportare e conoscere SCAMS e frodi sono elencati di seguito;

• **http://www.bbb.org/us/list-all-bbb-locations/**

Questo sito è il BUREAU BUREAU MIGLIORE, ma attenzione che alcune frodi verranno scritte qui in ogni caso, ma è possibile controllare le lamentele che hanno avuto.

• **http://www.scam.com/**

Questo sito è in stile forum e include molte informazioni sui diversi tipi di SCAM. Puoi iscriverti e pubblicare le tue esperienze, o semplicemente guardarti intorno per ottenere le informazioni di cui hai bisogno.

• **http://www.fraudaid.com/advocacy.htm • http://www.ripoffreport.com/**

●· ·**http://www.scambusters.org/work-at-home.html**

●· ·**http://www.consumer.ftc.gov/scam-alerts**

Questo sito è la COMMISSIONE COMMERCIALE FEDERALE, guarda sul lato destro per cliccare su diverse truffe. Qui troverai informazioni molto utili e puoi anche segnalare una truffa a cui sei stato vittima.

9. DOVE TROVARE RECENSIONI DA DIPENDENTI E INFORMAZIONI SU UNA SOCIETÀ

Nota; Non tutte le aziende avranno tutte le informazioni inserite.

- **http://www.linkedin.com/company/niteo-partners** - La Società qui viene fornita come esempio. Si possono trovare informazioni sulla compagnia che si desidera cercare; inoltre è possibile ottenere i commenti dei dipendenti sulla società. Su LinkedIn puoi registrarti, è GRATIS.

- **http://www.glassdoor.ca/Reviews/Arise-Recensioni- E31617.htm** - Qui ho dato ad Arise un esempio. Con le recensioni dei dipendenti riceverai alcune recensioni positive e negative, il tutto a seconda delle esperienze che il dipendente ha avuto con l'azienda. Quindi puoi decidere se vuoi lavorare per la compagnia o no. Puoi anche vedere alcuni lavori, stipendi, recensioni, interviste e altro ancora. Non tutte le aziende avranno tutte le informazioni inserite. Su Glass Door dovrai anche iscriverti per vedere di più, è possibile iscriversi con Facebook ed è GRATIS.

●· ·**http://www.businesswire.com/news/ho me/20110 302006167 / it / NEC-Integrate-Niteo-Partners- Leader-Business-Intelligence** - In questo sito troverai principalmente maggiori informazioni sulla Società.

●· ·**https://www.google.ca/finance?cid=1521394 8 -** Con Google andando sotto la scheda di più, fai clic su Finanza. Successivamente entrerai nella società per cui vorresti avere le informazioni. Le informazioni fornite riguardano principalmente le finanze dell'azienda.

●· ·**http://www.indeed.com/cmp/Niteo-Partners,- Inc . -** Questo sito ti fornirà informazioni sulla società, recensioni, posti di lavoro, foto e forum.

SUGGERIMENTI PRIMA DI LEGGERE L'ELENCO

- ****** Assicurati di rivedere ogni azienda per cui desideri lavorare prima di presentare la domanda. Questo ti darà un'idea migliore di cosa aspettarti. Se pagano in tempo, politiche aziendali (le seguono), come verrebbero trattati, ecc. Controlla anche il sito dell'azienda per saperne di più su di loro e su ciò che richiede il lavoro (es. Esperienza, formazione, ufficio lavoro , dipendente o imprenditore indipendente, ecc .... ******

- In ogni azienda spiegherò il più possibile, alcuni avranno più informazioni di altri, a seconda di ciò che trovo.

- Ogni azienda avrà un link e a volte aggiungerò parte della descrizione del lavoro, per darti un'idea di cosa è previsto. Se il lavoro è il tuo vicolo di quello che puoi guardare oltre, e andare per esso. Se non continua a guardare.

- Il seguente elenco nel prossimo capitolo è solo una piccola percentuale di Jobs che possono essere trovati, motivo per cui dividerò l'elenco in diversi libri.

●·La maggior parte dei lavori nell'elenco è correlata al servizio clienti (lavori del call center). Potrebbero essere in vendita, sondaggi, rispondere a domande generali sulla società, fatturazione, carte di credito, viaggi, assistenza tecnica, ecc ... Sono tutti tipi di lavori che lavorano al telefono da casa.

REQUISITI COMUNI PER MOLTI LAVORI

●· **·Diploma di scuola superiore o GED e almeno un anno di esperienza nel servizio clienti e / o esperienza di vendita e / o esperienza tecnica** (a seconda che il lavoro consista in assistenza clienti, vendite o assistenza tecnica).

●· **·Y ou bisogno di avere il proprio PC** (meno di sei anni) e **servizi Internet ad alta velocità** , entrambi i quali sarà testato come parte del processo di applicazione. Inoltre, devi essere **esperto**

di tecnologia e conoscere la tua attrezzatura e come risolvere i tuoi problemi.

●· ·Per essere un candidato forte sarete **computer / esperti di Internet, operativo confortevole in diverse applicazioni contemporaneamente.**

•

•

Dovrai digitare una certa quantità di parole al minuto; può variare da 20-70wpm. Se hai bisogno di aiuto per essere al passo, puoi sempre provare a trovare un corso di comunità nella digitazione.

Avrai bisogno di un telefono con cuffia e **potrai** essere contemporaneamente al telefono e a Internet. **Devi avere un telefono con filo. Di seguito sono riportati i link in cui è possibile trovare cuffie eccellenti, collegate al telefono o USB. Ricorda solo che devono essere cancellati dal rumore e avere un controllo muto e del volume.**

QUI SONO I LINK PER LE CUFFIE SOTTO;

MIGLIORE ACQUISTA CANADA (PLANTRONICS USB)
http://www.bestbuy.ca/en- CA / product / plantronics-plantronics-usb-headset-81960- 13-81960- 13 / 10218993.aspx? Path = 2d6cb775802d218ea683 67facca93c0cen02

FUTURSHOP CANADA
USB)

(PLANTRONICS   FUTURSHOP CANADA (PLANTRONICS

http://www.futureshop.ca/en- CA / prodotto / plantronics-plantronics-usb-headset- 81960-13-81960- 13 / 10218993.aspx? path = 062b325f9a3de0b099bf b0dd8c0ac44een02 & SearchPageIndex = 1

STAPLES CANADA PLANTRONICS
http://www.staples.ca/headset/directory_hea dse t_20051_1_20001? Fids = 4214939342 & sby = 1 & rp p = 24 & pn = 1 & sr = true

AMAZON US (CUFFIA A TELEFONO CORDONE PLANTRONICS) - Questo è quello che uso e uso, è molto affidabile. Puoi anche usarlo per meno qui. http://www.amazon.com/gp/product/B0 00136P8 W / ref = s9_al_bw_g107_ir011? pf_rd_m = ATVPD KIKX0DER & pf_rd_s = center- 5 & pf_rd_r = 10KFT14V5GF2RB2G0GZH & pf_r d_t = 101 & pf_rd_p = 1570943662 & pf_rd_i = 24223 78011

PLANTRONICS ALL US STORES
http://www.plantronics.com/ca/where-to-buy /? Region = us

- Dovrai essere una **"persona" che ama parlare e assistere gli altri.**

- La disponibilità è **7 giorni su 7** , poiché il servizio clienti è fornito dalla maggior parte delle aziende ogni giorno della settimana.

- Gli orari variano e sono flessibili, quindi è necessario essere flessibili.

10. LAVORA A CASA AZIENDE **1-800 FIORI**

LAVORI: Lavoro a tempo pieno temporaneo dal rappresentante dell'assistenza clienti domiciliare

STIPENDIO: Non specificato

ALTRE
INFO: ●·   ·Altamente ♓■♐□□○♋◆♓♍□   ◆
◆·PC e hanno il proprio PC con a

connessione Internet ad alta velocità
affidabile ●·   ☹♋·capacità di digitare 35 parole al minuto è
essenziale ●·   ·Ottima ♍□■□◆♍♏■⌘♋·dell'uso di Instant Message e capacità di

scarica il software ●·   ☹♨·esperienza del call center precedente è fortemente preferita ●·   ·I candidati devono avere almeno 18 anni di età e avere a

diploma di scuola superiore o GED da
applicare ●·   ·Sono richieste solide capacità di comunicazione scritta e verbale.

Sono richieste competenze matematiche
fondamentali ●·   ·Competenze di vendita
forti ●·   ·Altamente motivato e affidabile

DOVE: deve essere residente e vivere nei seguenti stati: Arizona, Delaware, Florida, Illinois, Montana,

New Hampshire, New Mexico, New York, Ohio, Oklahoma, Texas e Oregon

*** **********

ACCOLADE

http://www.accoladesupport.com/techjob.html

POSTI DI LAVORO: Agenti del servizio clienti di un appaltatore indipendente. **STIPENDIO:** base oraria più comp per minuto, fino a $ 9,00 per

ora

ALTRE INFORMAZIONI: Contratto temporaneo indipendente con possibilità a lungo termine. Gli agenti hanno preso il servizio clienti, le vendite e il supporto tecnico per alcuni dei più grandi marchi al mondo.

DOVE: Albuquerque, New Mexico *************************************** ******** ****************

CONFERENZA ACCU

http://www.accuconference.com/careers.html

JOBS : Inbound Marketing, per creare lead e generare traffico sul sito web, Rappresentante vendite esterne, Stage di marketing e Stage software, PER TUTTI GLI STATI UNITI.

ALTRE INFORMAZIONI: Rappresentante vendite esterne: AccuConference è alla ricerca di un rappresentante di vendita business-to-business con esperienza per espandere la nostra attuale base di clienti attraverso campagne di chiamate dirette e di marketing diretto.

I candidati lavoreranno da casa secondo il proprio programma e riceveranno una commissione del 100% su tutte le nuove vendite mensili e una commissione ricorrente del 10% per ciascun account. ****************************** *********************** **********

ACD DIRECT

http://www.acddirect.com/becomeanagent.cfm

LAVORI: Professionisti del servizio clienti

STIPENDIO: gli IBO di ACD Direct vengono pagati tramite talk minute. Un verbale di conversazione è determinato dalla quantità di tempo effettivamente speso per una chiamata con un individuo che gestisce le sue particolari esigenze. ACD Direct paga gli IBO su una scala mobile a partire da 0,23 cent al minuto con la possibilità di aumentare a 0,22 cent al minuto.

La tariffa che guadagni viene pagata su tutti i minuti, indipendentemente dal fatto che la chiamata sia una chiamata impegnativa o una chiamata al servizio clienti. Dopo aver raggiunto i 500 minuti mensili, gli IBO possono ottenere incentivi per aumentare il loro potenziale di guadagno.

ALTRE INFO: Unisciti al nostro team!

ACD Direct cerca esperti professionisti del servizio clienti per elaborare le chiamate nel nostro call center virtuale! Trasforma la tua esperienza in $$$ mentre stai iniziando un'occasione divertente e gratificante!

Smetti di combattere il traffico dell'ora di punta! Evita i lunghi tempi di viaggio! Nessun codice di abbigliamento - Pigiama e pantofole SONO accettabili! Pianifichi quando vuoi, a che ora vuoi e in quali giorni desideri lavorare!

Risparmia denaro eliminando i costi di trasporto! Risparmia denaro eliminando le spese di guardaroba!

Guadagna denaro elaborando le chiamate per i nostri clienti utilizzando la tua esperienza e le tue abilità nel servizio clienti!

Scopri di più su ACD Direct e l'opportunità di diventare un IBO ACD Direct facendo clic sui collegamenti del menu nella parte superiore della pagina!

ACD Direct è stato creato come un call center virtuale nel maggio del 2003 e ha sede a Layton, UT. I principali clienti di ACD DirecTV sono società senza scopo di lucro che comprendono diverse stazioni PBS (Public Broadcasting Service), stazioni NPR (National Public Radio) e altre organizzazioni di raccolta fondi.

ACD Direct assume solo appaltatori indipendenti ESPERTI (preferibilmente con un'attività consolidata) per eseguire il servizio clienti in un ambiente virtuale dal tuo ufficio a casa. ACD Direct utilizza la società affiliata, ACD Connect, per esigenze di reclutamento e certificazione. A causa delle richieste e delle esigenze in continua evoluzione dei nostri clienti, i contratti ACD Direct con individui esperti che sono entusiasti dell'opportunità, motivati a avere successo, e hanno interesse a contrattare con ACD Direct come proprietario di un business indipendente.

DOVE: Verifica sul sito, ci sono molte informazioni su come tutto il processo funziona per partecipare a ACD. Devi solo fare clic sulle schede relative al Programma IBO per scoprire tutto ciò che devi sapere.

** ******** ********

ACN DIRECT

http://gabrielcere.acndirect.com/default.asp
http://gabrielcere.acndirect.com/default.asp?CO_LA
=CA_E N

Questa è un'azienda mondiale che offre gli stessi servizi di altre società come; Telefono, Internet, servizi di telefonia mobile e televisione. Passando ad ACN DIRECT puoi risparmiare denaro e ottenere un rimborso da altri servizi che hai sotto contratto.

Ciò che vale davvero la pena al momento è il loro servizio telefonico e internet. Puoi controllare il tuo paese per vedere cosa è disponibile nella tua zona.

È anche un'ottima opportunità di business per coloro che sono eccellenti nelle vendite. Ottieni il tuo sito, oltre a un'enorme quantità di aiuto. Più lavori più denaro che puoi fare. Dipende davvero da te. Dai un'occhiata al sito, è davvero interessante e dipende solo da te. ** ********** ********** **ANICE VEN**

http://field.advanis.ca/en/Job%2BPostings/

http://field.advanis.ca/static/documents/job_descripti on_en .pdf

http://www2.advanis.ca/sites/default/files/careers_te am_su pervisor.pdf

JOBS: intervistatore di ricerca telefonica domiciliare, supervisore del team

STIPENDIO : Offriamo una formazione interamente retribuita e un salario fisso.

ALTRE INFORMAZIONI:

Come agente remoto, riceveresti ulteriori vantaggi quali: • La possibilità di richiedere una parte delle spese domestiche come Internet, energia, affitto o mutuo

• Nessun costo di trasporto per arrivare al lavoro e nessun costo di parcheggio • Grande web community per fornirti il supporto necessario per fare un ottimo lavoro

• Pianificazione flessibile che funziona con la vita domestica

Il bilinguismo (francese, spagnolo o altro) è un vantaggio, ma non essenziale.

Supervisore del team

Il requisito di istruzione minima è un po 'di istruzione secondaria. Una laurea o un diploma è una risorsa ma non un requisito. La precedente esperienza derivante da attività extracurricolari o dall'impiego passato o attuale è una risorsa ben definita. Ci sono alcune opportunità di avanzamento all'interno dell'azienda.

Stiamo cercando candidati esperti di computer, in particolare con le applicazioni Internet e la messaggistica istantanea. Dovrebbero anche essere in grado di identificare e risolvere i problemi minori del computer. Sarebbe anche essenziale la capacità di multitasking, gestire lo stress e lavorare con un'ampia varietà di individui.

La preferenza sarà data a coloro che sono bilingue (francese o spagnolo).

DOVE: Edmonton, Alberta

****
******** **********

CONSULENTI PER L'AMMISSIONE

http://www.admissionsconsultants.com/employment.asp

POSTI DI LAVORO: posizioni di consulente di ammissione disponibili

STIPENDIO: come membro del nostro team, ti divertirai:

• Paga competitiva

• Allenamento completo

• Pianificazione del lavoro flessibile e capacità di lavorare a casa

ALTRE INFO: hai una passione per l'educazione? Ti piace lavorare con le persone? Hai un background in college, MBA, scuola di legge, scuola di specializzazione o ammissioni alla scuola di medicina?

I consulenti per le ammissioni continuano a crescere e siamo alla ricerca di persone di talento, dedicate e attente ai dettagli. Se possiedi esperienza nel comitato di ammissione ed eccellenti capacità interpersonali, vorremmo parlare con te di una posizione di consulente

DOVE : Vienna, VA ** ****** ***************

CONSULENZA TECNICA

http://www.advisetech.com/company-employment.html

LAVORO: Account-Executive (Vendite)

STIPENDIO: stipendio base, commissioni generose e premi di rendimento. Incredibile potenziale di crescita per le persone giuste

ALTRE INFORMAZIONI: Advise Tech sta anche cercando posizioni di tutti i tipi in tutti i reparti. Si prega di controllare presto per ulteriori messaggi specifici man mano che diventano disponibili. Nel frattempo, si prega di inviare curriculum (in formato MS Word o testo normale), lettera di accompagnamento e requisiti salariali all'indirizzo di posta elettronica di seguito:

employment@advisetech.com

Oppure puoi inviare per posta o via fax le tue informazioni a: AdviseTech 10 E Colorado Blvd Pasadena, CA 91105

Fax: (866) 766-1214 Nessuna telefonata, per favore .

DOVE: California ***************************** *******************
************ **AMAZON Stati Uniti**

https://amazon.taleo.net/careersection/nacs_external/ jobsea rch.ftl? lang = it

LAVORO: STAGIONALE Lavora presso il servizio clienti di casa Associati, a tempo pieno e part-time

STIPENDIO: la paga base è tra $ 10.00 e $ 11,00 ore. Inoltre, pensa ai soldi che risparmierai a gas, ai vestiti da lavoro e ai pasti quando lavori da casa!

ALTRE INFO: Lavora duro, divertiti e guadagna !!! ***LAVORO DA CASA***

Il lavoro stagionale ideale da casa amazzonica dimostrerà la capacità di lavorare in modo indipendente con il massimo della professionalità, integrità e affidabilità. Lui / lei sarà sicuro e organizzato e saprà quando e come raggiungere l'assistenza. Un amazzone ha una predisposizione all'azione ed è fortemente motivato non solo a prendersi molta cura dei propri clienti, ma anche a identificarsi in modo proattivo

problemi sistemici che devono essere risolti per prevenire futuri problemi dei clienti (gli amazzoni non passano il dito quando si tratta di problemi con i clienti). Infine, un amazzone è estremamente esperto di internet e ha un'elevata attitudine tecnica quando si tratta di strumenti online e di ricerca.

La tua missione, se dovessi scegliere di accettarla, è risolvere i problemi, rispondere alle domande e risolvere i problemi presentati dai nostri clienti Amazon. I nostri clienti ci contattano principalmente telefonicamente e speriamo che tu possa aiutarci a fornire risultati ossessionati dai clienti.

I dipendenti stagionali possono rimanere con Amazon in una capacità temporanea fino a sei mesi, a seconda delle esigenze aziendali. Potrebbero esserci opportunità di impiego regolare a lungo termine.

DOVE: Salem, Oregon; Tucson, Arizona; Olympia, WA;

****
******** **********

AMERICAN EXPRESS

http://jobs.americanexpress.com/search?q=work+home JOBS:

- Lavoro Counselor-Floater (Massachusetts area)

- Team Leader, Viaggi e servizi per lo stile di vita, lavoro nella regione occidentale

- Team Leader - Lavoro per servizi di viaggio e stile di vita

- Lavoro di consigliere di viaggio aziendale (lavoro da casa)

- **Consulente specializzato in viaggi aziendali -** Lavoro presso casa, Stati Uniti

- **Consigliere di viaggio 1 -** Lavoro a casa, lavoro a Dallas, Austin, Houston o San Antonio

- **Consigliere di viaggio 1-** Lavoro a domicilio a Chicago

- Consulente di viaggio aziendale Floater (aree NY / NJ / CT)

- SERVIZIO **DI ASSISTENZA DOMESTICA -** Assistenza clienti Lavoro professionale, STIPENDIO: tra $ 15,73 - $ 20 per lavoro di assistenza clienti.

- **Lavoro specialista tariffe IATA, specialista in viaggi di lavoro aziendali -** Il luogo di lavoro ideale sarà Phoenix, AZ, tuttavia, saranno considerate le località virtuali

- Bilingue - Consigliere di viaggio Job - ** Deve essere bilingue in inglese e tedesco **

- **Consigliere di viaggio, direttore del lavoro online e di supporto ai prodotti e lavoro di innovazione, responsabile del lavoro di sviluppo aziendale.** Questo è un lavoro di vendita a Seattle, WA, lavoro da lavoro a casa che richiede viaggi.

- **Esecutivo I - Rep Lavoro di gestione degli account, Senior Manager, Lavoro di gestione dei clienti -** I candidati devono risiedere a Minneapolis / St-Paul, essere in grado di lavorare in un ambiente di ufficio virtuale con alcuni viaggi notturni richiesti.

- **Regional Manager of Business Development Job -** Questo lavoro richiede di vendere la carta American Express, deve avere un veicolo per viaggiare e avere esperienza di ufficio virtuale. Disponibile nelle seguenti aree: Indianapolis, IN, Virginia Beach, VA, Oklahoma City, OK, USA. AMERICAN EXPRESS

I primi 25 lavori sono per lo più lavori da lavori domestici; molti di loro sono nel settore dei viaggi e richiedono esperienza nel settore. È inoltre richiesta un'esperienza di assistenza clienti eccellente e un'esperienza di ufficio virtuale. I lavori che si trovano nel reparto vendite richiedono una solida esperienza di vendita e un servizio clienti.

ALTRE INFORMAZIONI: Travel Counselor-Floater (Massachusetts area) Descrizione del lavoro La funzione principale di questa posizione è quella di coprire le esigenze di personale di Business Travel all'interno della regione del Massachusetts designata. Al candidato prescelto verrà richiesto di lavorare all'interno di diverse attività in loco e di avere l'opportunità di **lavorare fuori casa** assistere le sedi con esigenze di copertura. La posizione richiederà al dipendente di viaggiare tra questi luoghi e di avere flessibilità entro un turno di 8 ore (giorni feriali tra 8a - 8p ET). Il candidato prescelto sarà responsabile della manutenzione puntuale e accurata degli accordi di American Express Business Travel per più clienti aziendali. Fornisce le tariffe più basse disponibili per il trasporto aereo / ferroviario, alberghi e noleggi auto; attraverso l'uso efficace di Sabre e Apollo GDS; tecniche di servizio telefonico positive e relazioni eccellenti con i clienti .

AMERICAN EXPRESS

Specialista delle tariffe IATA Descrizione del lavoro Questa posizione è responsabile del calcolo di complessi itinerari internazionali per arrivare alle tariffe più economiche per i viaggiatori della Banca Mondiale, fornendo al contempo una consulenza sulle tariffe più basse per i consulenti di viaggio e i passeggeri. Questo ruolo suggerirà e determinerà la tariffa più bassa per l'itinerario e offrirà alternative per itinerari "tutto-missione" e itinerari "mission-personali".

Questo ruolo garantirà un'adeguata documentazione secondo le linee guida stabilite da American Express e dalla Banca Mondiale, nonché utilizzando materiali di riferimento appropriati.

Questo ruolo applicherà con precisione le regole e i regolamenti delle compagnie aeree alla politica di viaggio del cliente e lavorerà al completamento delle tariffe giornaliere e rispetterà tutte le scadenze, garantendo nel contempo che la classe di prenotazione sia corretta all'interno della politica del cliente.

Questa posizione assisterà le richieste dei clienti su domande relative a tariffe / prenotazioni / bigliettazione e tariffe di deposito e bigliettini di bigliettazione in PNR con approvazioni adeguate e vettori di convalida, quindi emettere biglietto .

Di seguito sono riportati alcuni dei **requisiti del programma Work at Home.** Richiedendo questa posizione, confermi e accetti che la tua casa rispetterà quanto segue. Un elenco aggiuntivo verrà fornito al momento dell'intervista. **ACCESSO ALLA TUA CASA / SPAZIO DI LAVORO:**

- Fornirai a American Express o al loro rappresentante l'accesso a casa tua per condurre una verifica del tuo spazio di lavoro per gli standard di conformità WAH durante l'anno. AMERICAIN EXPRESS

AMBIENTE DI LAVORO:

-Tutte le apparecchiature elettriche sono prive di rischi riconosciuti che potrebbero causare danni fisici (fili sfilacciati, conduttori scoperti, fili allentati, fili flessibili che attraversano le pareti, fili esposti al soffitto).

-Il sistema elettrico di casa consentirà la messa a terra di apparecchiature elettriche. Utilizzare un analizzatore di circuito a 3 fili fornito per testare tutte le prese che verranno utilizzate per l'home office.

AREA DI LAVORO:

- Camera adeguata per un ufficio in casa. Dovrai fornire dettagli specifici tra cui dimensioni e posizione della stanza.

WORKSTATION COMPUTER:

- **American Express installerà internet ad alta velocità e servizi telefonici nelle case dei dipendenti virtuali.** Il servizio Internet deve essere DSL o via cavo (non sono consentiti ISP wireless o satellitari), con almeno 10 Mbps di download e velocità di caricamento di 1 Mbps. Servizio di classe business preferito ove disponibile. Le linee internet e telefoniche ad alta velocità saranno linee dedicate che saranno utilizzate esclusivamente per uso aziendale e saranno separate da qualsiasi telefono / servizi dati personali. Le case dei richiedenti devono essere compatibili per lavorare in congiunzione con i processi tecnologici di American Express

AMERICAIN EXPRESS

In qualità di leader del team American Express, sarai responsabile di: - Ispirare un team di consulenti di viaggio per raggiungere i loro obiettivi fornendo coaching, formazione e sviluppo eccezionali e premiando e riconoscendo i risultati ottenuti - Valutando le prestazioni del team su base continuativa e fornire un continuo coaching e feedback - Valutare i livelli di abilità e le competenze del team e creare piani di sviluppo e di azione che sono di proprietà e guidati dai dipendenti - Guidare risultati di business straordinari guidando team per raggiungere introiti e obiettivi dei clienti a livello individuale e di squadra - Delighting the cliente garantendo ai propri team un'esperienza accurata e di alta qualità - Comunicare con il proprio team per garantire che siano ben informati sui problemi che li riguardano e sui loro clienti - Creare e implementare soluzioni aziendali creative per far crescere il business - Sfidare se stessi e il proprio team a "alzare il livello", guidando il miglioramento continuo - Posizione per posizione (i) si trova all'interno dei mercati CTN Work- At- Home esistenti di Seattle, WA, Portland OR, Las V egas, NV

La posizione per la posizione è all'interno dei mercati CTN Work-At-Home esistenti Denver CO, Minneapolis MN, Chicago, IL, Dallas TX, Austin TX, Houston, TX, San Antonio TX, Memphis TN e Nashville TN

AMERICAIN EXPRESS

DOVE: US-Massachusetts-Boston, Altre sedi US-Massachusetts-Lexington, Stati Uniti-Massachusetts-Mansfield, Stati Uniti-Massachusetts-Bedford, Stati Uniti-Massachusetts-Marlborough, Stati Uniti-Massachusetts-Framingham, Stati Uniti- Massachusetts-Canton, Stati Uniti-Massachusetts- Clinton, US-Massachusetts-Cambridge

Programma: Full-time Altri Luoghi US-Oregon-Portland, US-Washington-Seattle, US-Nevada- Las Vegas

AMERICAIN EXPRESS

CUSTOMER CARE DI CASA
BASATA; Alabama, Arizona, Arkansas, Colorado, Connecticut, Delaware, Distretto di Columbia, Florida, Georgia, Idaho, Illinois, Indiana,

Iowa, Kansas, Kentucky, Louisiana, Maine, Maryland, Massachusetts, Michigan, Minnesota, Mississippi, Missouri, Montana, Nebraska, Nevada, New Hampshire, New Jersey, Nuovo Messico, New York, Carolina del Nord, Dakota del Nord, Ohio, Oklahoma, Oregon, Pennsylvania, Rhode Island, Carolina del Sud, Dakota del Sud, Tennessee, Texas, Utah, Vermont, Virginia, Washington , West Virginia, Wisconsin, Wyoming *********************************** ********** *****************

ANSAFONE

http://www.ansafone.com/careers/

POSTI DI LAVORO: Servizio clienti **RETRIBUZIONE:** Non specificato **ALTRE INFORMAZIONI:** Impiegato con vantaggi, non assumente al momento ma controllare spesso le posizioni remote. **DOVE:** Santa Ana, CA e Ocala, FL ** * ******************* **SERVIZIO CLIENTI APAC**

http://www.apaccustomerservices.com/careers/caree r_oppo rtunities / athome /

APAC Customer Services, Inc., una società EGS, è un fornitore leader di soluzioni di interazione con i clienti per leader di mercato in comunicazioni, servizi finanziari, assicurazioni, assistenza sanitaria, logistica e viaggi e ospitalità. L'APAC collabora con i propri clienti per fornire soluzioni personalizzate che migliorano le prestazioni in termini di redditività. Fondata nel 1973, l'azienda impiega una forza lavoro globale diversificata in diversi centri di interazione con i clienti in tutto il mondo.

LAVORO: Rappresentante, a domicilio, rappresentante, a domicilio - Tempo parziale, formatore - Lavoro a casa, Rappresentante di qualità - Lavoro a domicilio, Nuovo supervisore formazione dei lavoratori - Lavoro a casa, Responsabile delle operazioni - Lavoro da casa, Responsabile regionale della forza lavoro- Virtuale

STIPENDIO: Offriamo uno stipendio competitivo e un pacchetto completo di benefici, liberazione retribuita e un piano di 401 (k).

SERVIZIO CLIENTI APAC

ALTRE INFORMAZIONI: Fornisce una varietà di servizi ai clienti attraverso le chiamate in entrata ricevute in un ambiente domestico. In primo luogo, il dipendente servirà APAC da casa, ma a volte il dipendente sarà tenuto a riferire al proprio sito di supporto APAC per scopi di formazione, sviluppo e coaching. Occasionalmente, il dipendente può essere visitato da un membro del team di gestione basato sulla casa. Servire da collegamento tra cliente e cliente.

Work from Home Trainer - Supervisiona e istruisce i nuovi assunti e / o i formatori flessibili e fornisce contenuti di formazione. Il personale di formazione e il contenuto della formazione sono allineati alle iniziative aziendali e agli obiettivi del cliente. Può includere viaggi in altri siti.

Rappresentante di qualità - Responsabilità principale ○ Monitorare le interazioni con i clienti e / o completare il monitoraggio side-by-side per raccogliere informazioni sui servizi forniti e sull'efficacia del singolo team operativo e completare

documentazione di valutazione. ○ Fornire feedback sulle pratiche di raccolta, cliente

esperienza e / o aderenza normativa alla direzione a

fornire risultati specifici. ○ Fornire assistenza ai rappresentanti per gestire in modo proattivo

standard di qualità e conformità. ○ Partecipare alle sessioni di calibrazione con i clienti per garantire il rispetto e il mantenimento degli standard di qualità. ○ Mantenere i registri e analizzare le tendenze come necessario per

determinare le aree di opportunità. ○ Follow-up continuo per garantire che i problemi siano indirizzati a

gestione e soddisfazione del cliente.

SERVIZIO CLIENTI APAC

○ Garantire la conformità con le politiche e le procedure e i rappresentanti degli allenatori, se necessario.

○ Conoscenza, comprensione e conformità con tutte le leggi e i regolamenti federali, statali e locali applicabili.

○ Conoscenza, comprensione e conformità alle politiche e alle procedure della Società.

○ Mantenere la conoscenza dell'area funzionale e delle politiche e procedure aziendali.

○ Fornire feedback alla direzione in merito a possibili problemi o aree di miglioramento.

○ Fornire raccomandazioni per implementare processi migliorati. ○ Eseguire altri compiti assegnati dalla direzione

Nuove competenze per la formazione dei dipendenti
- Responsabilità principali

o Consegnare alla Società nuovi corsi di formazione per
lo sviluppo e lo sviluppo inclusi, a titolo esemplificativo
ma non esaustivo, la legislazione, i sistemi, le politiche e
le procedure pertinenti e i programmi Microsoft.

o Supervisionare i nuovi assunti durante la formazione e
il periodo iniziale di impiego e assicurarsi che tutte le
attività e le responsabilità associate siano completate per
soddisfare gli standard e le aspettative della Società e del
Cliente in merito a qualità, produttività e conformità.

o Addestra nuovi rappresentanti e persone a basso
rendimento compreso

2a

monitoraggio e   votazione di chiamate dal vivo per
sviluppare e affinare le proprie competenze.

SERVIZIO CLIENTI APAC

o Aggiorna e traccia i vari dati come le nuove prestazioni di noleggio e il completamento e l'approvazione dei fogli di lavoro dei salari.

o Partecipare a progetti eseguiti dal dipartimento di formazione.

o Fornire programmi di formazione per aree di miglioramento e in base alle esigenze aziendali.

o Valutare i progressi dei tirocinanti e fornire feedback ai tirocinanti in merito alle aree di miglioramento e sviluppo.

o Quando richiesto, gestire i test periodici agli associati e tenere traccia dei risultati dei test.

o Garantire che i dipendenti completino i necessari programmi di formazione online mantenendo un registro delle attività.

o Gestire tutti gli allenamenti per nuove assunzioni e miglioramento delle abilità. o Mantenere una documentazione accurata e la registrazione in

sistemi richiesti. o Conoscenza, comprensione e conformità con tutti

leggi e regolamenti federali, statali e locali applicabili

in relazione alle mansioni lavorative. o Conoscenza, comprensione e conformità con

Politiche e procedure aziendali. o La partecipazione ai programmi aziendali deve essere minima

Standard di prestazione. o Responsabile delle prestazioni generali del rispettivo team e

per motivare la squadra a superare gli obiettivi di allenamento e

obiettivi. o Responsabile di tutte le decisioni, azioni e direttive con

rispetto alle responsabilità lavorative.

SERVIZIO CLIENTI APAC

o Responsabile della disciplina progressiva per quanto riguarda la partecipazione, le prestazioni e tutti gli aspetti della politica aziendale fino al licenziamento incluso.

o Follow-up in modo tempestivo per garantire la soddisfazione del cliente.

o Fornire feedback alla direzione in merito a possibili problemi o aree di miglioramento.

o Fornire raccomandazioni per implementare processi migliorati. o Eseguire altri compiti assegnati dalla direzione

Operations Manager - Lavoro da casa - Doveri e responsabilità essenziali:

o Gestire le prestazioni su tutti i programmi per soddisfare e superare tutte le aspettative dei clienti e dell'azienda. Assicurati che i Key Performance Indicator (KPI) siano raggiunti. Può comunicare direttamente con il cliente in merito a KPI.

o Dirige direttamente il capo squadra. Le responsabilità comprendono intervistare, assumere e formare dipendenti; pianificare, assegnare e dirigere il lavoro; valutazione delle prestazioni; dipendenti gratificanti e disciplinari; affrontare i reclami e risolvere i problemi.

o Sviluppa e prepara i Team Leader. Assicurati di essere competente nelle loro capacità lavorative e fornisca un costante addestramento di follow-up, feedback e coaching.

SERVIZIO CLIENTI APAC

o Gestire il flusso di informazioni tra servizi client, gestione degli account, operazioni, garanzia della qualità, formazione, buste paga, ecc. per garantire il raggiungimento di tutti gli obiettivi aziendali e aziendali.

o Procedere al processo di assunzione per garantire che tutte le posizioni siano assegnate ai livelli assegnati per campagna per garantire la produttività. Analizza i livelli di personale delle CSR per soddisfare le fluttuazioni delle richieste e delle campagne di chiamata. Distribuire i cambiamenti di programma e le nuove classi di noleggio secondo necessità.

o Analizzare la redditività del programma sviluppando dichiarazioni di Profit & Loss settimanali. Include il confronto tra entrate previste e varianze effettive e esplicative. Apportare le modifiche se necessario. Include la gestione del rapporto per garantire il corretto staff dei Team Leader in base al personale del rappresentante del servizio clienti (CSR).

o Co-facilitare la soddisfazione dei dipendenti in tutto il centro attraverso incentivi e attività a livello di piano. Include la messa a fuoco di gruppi di interesse per valutare la soddisfazione dei dipendenti.

o Partecipare e supportare il programma di gestione della qualità (QM) nell'identificazione e nella gestione di opportunità che migliorano la qualità, la sicurezza e il valore del servizio che forniamo ai nostri clienti e ai nostri dipendenti.

o sostiene il comitato di gestione della qualità nell'attuazione e nel monitoraggio dei rispettivi programmi, miglioramenti e progetti di qualità.

Regional Workforce Manager- Virtual

SERVIZIO CLIENTI APAC

Sommario   Responsabile del coordinamento di un team di gestione della forza lavoro per guidare i risultati delle prestazioni attraverso lo sviluppo di programmi e piani di azione per soddisfare gli obiettivi di servizio e produttività e la gestione delle risorse di gestione della forza lavoro per soddisfare le esigenze incrementali dei clienti.

DOVE: alcuni altri stati e città degli Stati Uniti; NV-Las Vegas - Phoenix in casa (lavorando in NV), AZ-Phoenix, TX- umile, Rapide IA-Cedro, AZ-Tucson, NY-Utica, WI-Green Bay, MN-Mendota Heights, IA-Davenport, NC - Greensboro, FL-Merritt Island ** ****** *****************

MELA A CASA

http://www.apple.com/jobs/us/aha.html#Overview

https://jobs.apple.com/us/search?job=20786352#&ss =AUS- At- Home- Advisor% 20% 28AHA% 29 & t = 0 & so = & pN = 0 & openJobId = 2 8874662

LAVORO: Work at Home Advisor - Supporto tecnico per prodotti Apple, servizio clienti, risoluzione dei problemi e supporto. Nel secondo link sopra ci sono 76 lavori da lavorare da casa, sono in città diverse, quindi dai un'occhiata per vedere se ce n'è uno vicino a te.

MELA A CASA

STIPENDIO: pacchetto vantaggioso, retribuzione competitiva e uno sconto per i dipendenti sui prodotti Apple.

ALTRE INFORMAZIONI: un computer iMac e altri prodotti sono forniti per il tempo di impiego.

Riepilogo del lavoro

Sei un risolutore di problemi e fantastico con i clienti! Sei affascinato dal modo in cui funzionano le cose e hai la possibilità di installare, gestire e risolvere i problemi del tuo hardware e software. È possibile eseguire il multitasking su sistemi e applicazioni, analizzare e risolvere una varietà di problemi tecnici complessi e navigare comodamente in un ambiente Windows. Hai eccellenti capacità di comunicazione verbale e scritta, oltre alla capacità di stabilire le priorità e gestire in modo efficace il tuo tempo. Non sei solo qui per aiutare a risolvere problemi tecnici, ma anche per offrire un'esperienza cliente incredibile. Poiché lavorerai indipendentemente da casa, avrai bisogno della disciplina e della capacità di lavorare in remoto da colleghi e dirigenti. Se suona come te, potresti essere il prossimo At Home Advisor. **Requisiti chiave**

■· ·· ❦◆□ℳ□ℋℳ■✿☺·professio
nale in materia di risoluzione dei problemi o
comprovata capacità tecnica

■· ·· ✄◆◆ℳ■✿ℋ□■ℳ ☺●·servi
zio clienti e passione per il supporto

■· ···disciplina di lavorare in remoto
da casa

■· ···disponibilità a partecipare circa
cinque-sei settimane di formazione online
richiesta su un programma fisso che può
comprendere i fine settimana

■· ···Flessibilità di lavorare tra le
ore 5:00 CST e 11:30 CST inclusi i fine
settimana, con la possibilità di flettere o ridurre le
ore a seconda delle esigenze aziendali

■· ···Completamento riuscito di una
valutazione pre-assunzione e controllo dei
precedenti penali

■· ···Completamento riuscito
dell'allenamento iniziale

■· ···Velocità di battitura minima di
35 wpm di qualifiche a casa

- ···Uno spazio di lavoro silenzioso, sedia ergonomica e scrivania

- ···Servizio Internet ad alta velocità (2 Mbps o superiore) da un fornitore affidabile

- ···Una linea telefonica dedicata da un vettore affidabile **Descrizione** In qualità di **Apple At Home Advisor** , sosterrai molti dei nostri prodotti più diffusi, dagli iPhone agli iPad, dai MacBook ai Mac desktop. Come primo punto di contatto dei nostri clienti, sarai la voce amichevole di Apple, fornendo un servizio clienti premiato, risoluzione dei problemi e supporto. Faremo affidamento su di te per ascoltare i nostri clienti e utilizzare la tua competenza tecnica, creatività e passione per soddisfare le loro esigenze e ricordare loro che dietro i nostri fantastici prodotti ci sono persone straordinarie. Questa posizione è accompagnata da retribuzione competitiva, grandi vantaggi, partecipazione al piano azionario della nostra azienda, tempo libero, uno sconto per i dipendenti e risorse dedicate a supporto della crescita e dello sviluppo in corso. DOVE: Varie città negli Stati Uniti. ********************************* ******************** *********

ARO

http://www.callcenteroptions.com/careers.asp

LAVORI: Servizio clienti STIPENDIO: Non specificato

ALTRE INFORMAZIONI: ARO Inc. aiuta la tua organizzazione a esternalizzare i processi aziendali, l'outsourcing di back office e i servizi di call center per l'assistenza sanitaria, l'assicurazione e l'industria dei servizi finanziari negli Stati Uniti.

ARO è un centro di contatto per alcune delle nazioni ' s aziende leader. Ci sforziamo di fornire ai nostri clienti una qualità ineguagliata di customer care e gestione aziendale con tecnologia virtuale. I nostri clienti sono soddisfatti del nostro personale altamente qualificato, motivato e ben addestrato. I dipendenti sono in grado di lavorare e allenarsi dal comfort della propria casa! Grazie per il vostro interesse nella nostra compagnia! ARO impiega attualmente persone negli Stati Uniti. Assumiamo negli Stati e nelle località geografiche in base alle esigenze dei nostri clienti in qualsiasi momento. Se al momento non stiamo assumendo nella tua area specifica, terremo le tue informazioni dettagliate in archivio e ti contatteremo via email quando avremo qualcosa disponibile nella tua zona. Si prega di visitare il nostro sito web periodicamente per ulteriori informazioni sulla società o opportunità di lavoro.

Non esitate a visualizzare la nostra pagina **Domande frequenti** per ulteriori informazioni sui nostri dipendenti remoti.

DOVE: USA

** ******* **********

ARISE CANADA

http://partner.arise.com/canada

JOBS: Arise offre più opportunità di lavoro che lavoro. Lavorerai come un appaltatore indipendente, o un imprenditore, come desideri. Puoi avere persone che lavorano per te. Hanno anche una pagina Facebook a; **https://www.facebook.com/arise.canada?fref=ts**

GUIDA GRATUITA PER LAVORARE CON ARISE;

https://partnersetup.arise.com/media/48794/independent_b usiness_owner_guide_canada_-v_1_9-28-12.pdf

ARISCI SITO

http://www.arise.com/services/customer-support
http://www.arise.com/company/join-our-
team/careers Fondata nel 1997, Arise Virtual
Solutions Inc. è il principale fornitore mondiale di
servizi virtuali outsourcing dei processi aziendali e
soluzioni di crowdsourcing per i marchi che cercano
di migliorare l'esperienza e i risultati dei clienti. Sali
personalizza e offre soluzioni di alta qualità per
voce, e-mail, chat e servizi di telefonia mobile
attraverso la sua rete di migliaia di piccole imprese
negli Stati Uniti, in Canada, nel Regno Unito e in
Irlanda. Alzati Stati Uniti offre solo posti di lavoro
in Florida che non è lavoro da casa.

ARISE

ALTRE INFORMAZIONI: In quale altro luogo
potresti creare un'impresa e avere accesso immediato
alle opportunità di business? Non sono richiesti
requisiti per la chiamata a freddo, nessun costo di
pubblicità o marketing e non sono necessari tempi di
lavoro sulle gambe per offrire grandi opportunità
alla tua azienda !; imposta il tuo programma e

genera comunque un reddito decente! Tutto possibile quando i tuoi partner commerciali indipendenti con Arise!

Lavora quando vuoi! Come un imprenditore indipendente, **TU** impostare le ore di lavoro e costruire il proprio calendario. Che sia un genitore, uno studente, un pensionato, un appassionato di sport o semplicemente già un altro lavoro, collaborare con il tuo Business indipendente con Arise ti consente di scegliere quando e quanto spesso vuoi lavorare.

Fai crescere la tua attività

Indipendentemente dal fatto che tu abbia spese aggiuntive per l'assistenza all'infanzia, risparmi per una nuova auto o desideri semplicemente più reddito disponibile, la partnership con il tuo Business indipendente con Arise offre opportunità alla tua azienda di servire più programmi per clienti in vari settori. È possibile aggiungere altri professionisti dell'assistenza clienti alla propria attività indipendente e ottenere incentivi dal servizio di marchi noti.

Arise offre anche molti incentivi alle entrate per le aziende più performanti, quindi le possibilità sono davvero infinite

Paga per prestazioni!

Collaborare con Arise offre un'opportunità che si muove quando lo fai! Poiché tutto il lavoro è virtuale, la tua azienda può fornire servizi da qualsiasi luogo. Arise è anche impegnata nel successo del tuo Business Indipendente e offre una vasta gamma di incentivi alle entrate per le aziende che si comportano al di sopra e oltre le aspettative. Il potenziale per il tuo Business Indipendente di guadagnare entrate incentivanti o essere ammesso alla nostra Premier Elite Partner Elite è solo un esempio di programmi progettati per ispirare e infondere qualità in tutto ciò che fai.

** **********

RICHIEDI MARS VENERE

http://www.askmarsvenus.com/employment/index.php
http://www.askmarsvenus.com/employment/coaching.php

JOBS: Relationship Coach

STIPENDIO: dopo la laurea dal nostro programma di formazione, gli allenatori telefonici riceveranno $

0,30 / minuto ($ 18 / ora) per il tempo trascorso al telefono con i chiamanti. Gli allenatori telefonici vengono pagati solo per il tempo in cui sono effettivamente collegati a un cliente coaching. **ALTRE INFORMAZIONI:**
L' addestramento è dato ma non è pagato, ma non costa nulla. **Appaltatore indipendente.**

• Sii flessibile, compassionevole, estroverso, naturalmente di mentalità aperta e non giudicante, divertiti a parlare al telefono, ad amare le persone e ad essere a tuo agio nel discutere i problemi personali dei chiamanti, anche se

potrebbero non essere d'accordo con le tue convinzioni personali o religiose.

● · ·Avere un PC con Windows XP o successivo.

● · ·Avere accesso a Internet ad alta velocità.

● · ·Avere un telefono fisso privato situato in un posto tranquillo senza distrazioni.

● · ·Live ovunque negli Stati Uniti continentali. ● · ·Buona voce: questo è assolutamente

obbligatorio.

●· ·Essere disponibile per 20 ore programmate a settimana con almeno 10 di quelle ore che si verificano nel weekend.

RICHIEDI MARS VENERE

*** *********

ASPIRE LIFESTYLES

http://www.aspirelifestyles.com/careers-current-openings

LAVORI: **Rappresentante del servizio clienti ,**

Questa posizione è riservata ai soli residenti in Kentucky e Indiana. **Non siamo in grado di considerare i candidati che attualmente non risiedono in Kentucky, Indiana o Tennessee.**

ASPIRE LIFESTYLES

Ora accettando nuovi candidati; per i futuri corsi di formazione in ottobre. Alla ricerca di nuovi membri del team part-time per i seguenti turni part-time:

- Part-time, 8: 00-06: 00 pm ET

- Part-time, 6:00 pm-1: 30 ET ET Il **rappresentante del servizio clienti** (CSR) è responsabile della fornitura di servizi personalizzati ai clienti del cliente degli stili di vita di Aspire in un ambiente di call center domiciliare dal ritmo incalzante. Il CSR offre un servizio clienti di alta qualità gestendo le chiamate dei clienti in entrata che richiedono informazioni sugli account delle carte di debito e offrendo assistenza e servizi aggiuntivi che soddisfano o superano le aspettative di qualità e tempo del Cliente. Questa posizione richiede l'esecuzione tempestiva e accurata delle richieste dei membri della tessera, nonché la risposta alle richieste di informazioni, concentrandosi sulla comprensione delle politiche, dei sistemi e dei regolamenti del servizio clienti di Aspire Lifestyles e dei servizi. Le ore di funzionamento standard per questo programma sono 24/7/365.   **I rappresentanti del servizio clienti part-time lavoreranno per 15-34 ore settimanali. Il fine settimana e il lavoro di vacanza è richiesto. I**

doveri e le responsabilità

essenziali includono quanto segue. Altre funzioni possono essere assegnate.

- Gestisce le richieste dei clienti per conto del cliente di Aspire Lifestyles, da casa tramite telefono.

- Risposte alle chiamate telefoniche in entrata che rispondono alle domande dei clienti e alle domande relative agli account delle carte di debito.

●· ·Conduce la valutazione iniziale del cliente raccogliendo le informazioni necessarie per documentare e risolvere le esigenze dei clienti.

●· ·Rappresenta il cliente in modo professionale e cortese. ●· ·Utilizza i sistemi client per la gestione dei clienti

informazioni con competenza. ●· ·Partecipa a riunioni e corsi di formazione come richiesto per ottenere nuovi

e informazioni pertinenti sul cliente e il loro

Servizi. ●· ·Applica linee guida del servizio clienti di alta qualità

mentre si assiste ai clienti. ●· ·Applica le politiche di stile di vita del cliente e di Aspire come applicabile ogni volta che si interagisce con i clienti. ●· ·Soddisfa o supera tutte le metriche del programma come descritto in

formazione e manuali (ad es. presenza, qualità, vendite, ecc.). ●· ·Altri compiti assegnati.

Requisiti del sistema, del telefono e dell'ufficio che devono essere forniti dal rappresentante del servizio clienti **:

●· ·Velocità processore - Processore singolo: 2 GHz o superiore; Processore Dual Core: 1 GHz o superiore

●· ·Sistema operativo: Windows XP con Service Pack 3 o versione successiva, Windows Vista con Service Pack 2 o successivo (a 32 e 64 bit), **Windows 7** . *(Windows 2000 o versioni precedenti e MAC non sono supportati).*

●· ·Memoria - 1 GB di RAM o superiore ●· ·Browser Web - Minimo: IE 6 con Service Pack 2 o IE

7

ASPIRE LIFESTYLES

*   Accesso a Internet - 1,5 Mbps o più, accesso a
        Internet ad alta velocità - DSL o modem via cavo

(connessioni dial up, satellite e wireless NON sono consentite).

- Account di posta elettronica Gmail

- Telefono - Analogico (non digitale), telefono con filo (Non cordless), tastiera deve essere sulla base (non può essere sul portatile), il portatile deve essere rimovibile (cavo da jack), una buona marca.

- Cuffie con cavo e in grado di connettersi alla base del telefono, cancellazione del rumore e di un marchio di qualità (wireless non consentito).

- Accesso telefonico - Una linea telefonica di lavoro (solo linea di terra) dedicata agli stili di vita Aspire. Digitale analogica o in fibra ottica (no V oIP - es. V onage).

- Capacità di ricevere e inviare fax.

- Scheda audio con altoparlanti o altoparlanti USB.

- Software antivirus, Anti-Spyware e Firewall: richiesto corrente e regolarmente aggiornato.

- Home Office - L'home office si trova in una stanza separata, priva di rumore e dotata di una porta con serratura.

- Macchina trituratore a taglio incrociato

- Cassetto per documenti o cassetto della scrivania con serratura Requisiti di lavoro:

- Capace di sedersi in una posizione limitata per il 95% di ogni turno programmato.

- Digita i dati nel sistema del computer e visualizza ripetutamente lo schermo di un computer. **ASPIRE LIFESTYLES**

●· ·A causa della natura casa a base di questo lavoro, il rappresentante del servizio clienti è richiesto di avere un ambiente di casa-ufficio, telefono, connessione a Internet, e un sistema di computer che soddisfi le politiche Aspire stili di vita e le esigenze di manutenzione, inclusi gli aggiornamenti di sistema come applicabile, che può cambiare nel tempo.

Qualifiche di lavoro: ●· ·Diploma di scuola superiore o equivalente richiesto. ●· ·Almeno un anno di esperienza del servizio clienti correlato. ●· ·Esperienza call center un plus. ●· ·Ottime capacità comunicative verbali e scritte. ●· ·In grado di digitare almeno 35 parole al minuto. ●· ·Forti competenze informatiche e Internet. In grado di imparare

rapidamente in un ambiente tecnico. ●· ·Conoscenza □□ɱ□☊♦Ⅶ❖☊·dei programmi di Microsoft Office. ●· ·Contegno telefonico gentile, cordiale e cortese. ●· ·altamente adattabile, auto-motivati e di auto-disciplina. ●· ·In grado di apprendere e lavorare in modo indipendente come in una squadra

ambiente. ●· ·Orientati ai dettagli con attenzione alla qualità e all'accuratezza,

capacità di multitasking, forte senso di urgenza e

impegno per l'eccellenza. ●· ·In grado di lavorare week-end e vacanze ore. ●· ·In grado di leggere, scrivere, comprendere e parlare fluentemente

Lo spagnolo è un vantaggio. ●· ·In grado di superare con successo un credito, criminale, test di droga, FBI

controllo delle impronte digitali e sicurezza del riferimento lavorativo

dai un'occhiata. ●·In grado di fornire un ambiente work-at-home che sia

ergonomicamente suono, favorevole a prendere le chiamate dei clienti, tranquillo e privo di distrazioni. **ASPIRE LIFESTYLES**

- In grado di fornire un computer, Internet, telefono e servizio che soddisfi i requisiti minimi attuali.

- Attualmente residente in Kentucky, Indiana o Tennessee. Compensazione:

- Tasso di allenamento, salario minimo federale o statale, a seconda di quale sia il più alto

- Tariffa oraria $ 8,00 / ora **Attualmente stiamo accettando richieste per un corso di formazione Concierge di ottobre** . La formazione è attualmente programmata dal 7 al 18 ottobre 2013, dalle 10:00 alle 18:00, dal lunedì al venerdì . Aperture per Concierge a tempo pieno e part-time con le seguenti disponibilità:

- Part-time, lunedì-domenica, 4:00 pm - 12:00 am Eastern Time

- Part-time, lunedì - domenica, 12:00 am - 8:00 am Eastern Time (Overnight)

- Full-time, Monday-Sunday, 12:00 pm - 12:00 am Eastern Time **Questa posizione è disponibile solo nei seguenti stati:** AL, AZ, CO, DE, FL, GA, IL, IN, KY, MD, MA , MI, MO, NH, NC, NJ, NY, OH, O, PA, SC, TN, TX, UT, VA, WA, WI. **ASPIRE LIFESTYLES**

La posizione Concierge è il punto focale della piattaforma Concierge Aspire Lifestyles (precedentemente VIPdesk). La posizione funge da esperto assistendo e rispondendo alle richieste di informazioni dei clienti e / o dei clienti tramite telefono, e-mail e / o chat. Il Concierge soddisferà la richiesta attraverso una varietà di risorse (Internet, membri del team o esperienza personale, partner, risorse degli stili di vita di Aspire, ecc.) E comunicherà le risposte in modo rapido, professionale e conciso.

Aspire Lifestyles opera 24/7/365. I portieri part-time dovranno **lavorare fino a 34 ore settimanali. Il fine settimana e il lavoro di vacanza è richiesto. È richiesta una buona conoscenza della lingua inglese. La fluenza in una delle seguenti lingue è un vantaggio** :

Francese, tedesco, italiano, polacco e / o spagnolo. **I doveri e le responsabilità essenziali** includono quanto segue. Altre funzioni possono essere assegnate.

●· ·Gestisce le richieste dei clienti per conto dei clienti di Aspire Lifestyles, da casa tramite telefono, e-mail e / o chat; ●· ·Ricerca e soddisfa richieste da parte dei clienti nel

Stati Uniti e all'estero per le seguenti categorie: ristoranti, intrattenimento, viaggi, sport e tempo libero, turismo e città, famiglia, shopping e richieste insolite.

- •Interagisce con i clienti per fornire informazioni in risposta a richieste di informazioni e per gestire e risolvere i reclami;

Conduce le chiamate in uscita verso i clienti introducendo il servizio Concierge e altri vantaggi, come richiesto;

ASPIRE LIFESTYLES

- Fornisce informazioni accurate e tempestive in merito alle richieste;

- Applica linee guida del servizio clienti di alta qualità nel soddisfare le richieste dei clienti;

- Sfrutta i partner attuali e utilizza Internet e altre risorse per soddisfare le richieste;

- Comunica le risposte in modo chiaro, professionale, tempestivo e conciso;

- Rappresenta i clienti in modo professionale e cortese;

- Partecipa a riunioni e corsi di formazione come richiesto per ottenere nuove e pertinenti informazioni sui clienti e su come assistere i clienti;

- Utilizza programmi basati sul web e / o su computer per assistere i clienti, inserire i dati dei clienti pertinenti ed elaborare le informazioni richieste;

- Applica client e VIPdesk, facendo business come Aspire Lifestyles, politiche applicabili quando interagiscono con i clienti;

- Soddisfa o supera tutte le metriche del programma come indicato nella formazione e nei manuali (ad es. Presenza, qualità, ecc.).

- Altri compiti assegnati. Requisiti di lavoro:

- Capace di sedersi in una posizione limitata per il 95% di ogni turno programmato.

- Digita i dati nel sistema del computer e visualizza ripetutamente lo schermo di un computer. **ASPIRE LIFESTYLES**

●· ·A causa della natura casa a base di questo lavoro, il concierge è tenuto ad avere un ambiente di casa-ufficio, telefono, connessione ad internet, e un sistema di computer che soddisfi le politiche Aspire stili di vita e le esigenze di manutenzione, inclusi gli aggiornamenti di sistema a seconda dei casi, che può cambiare nel tempo.

Qualifiche: ●· ·Diploma di scuola superiore o equivalente richiesto; ●· ·universitaria richiesta. Grado preferito; ●· ·Esperienza di servizio clienti relativa a più di 2 anni. ●· ·Orientamento ☞●●⚱□·□⯎◆☞●⯎◆→·e al servizio è un dovere, diretto

l'esperienza è altamente desiderabile; ●· ·Esperienza di agenzia di viaggi un plus; ●· ·Forti competenze informatiche e internet. In grado di imparare

rapidamente in un ambiente tecnico. ●· ·Conoscenza □□♏□☞◆⯎❖☞·dei programmi di Microsoft Office; ●· ·In grado di digitare almeno 35 parole al minuto; ●· ·Carattere investigativo altamente intraprendente, forte e

conoscenza delle varie offerte di mercato; ●· ·Eccezionale soddisfazione del cliente e follow-through

abilità; capire i più alti livelli di cliente

servizio; ●·♎♏◯·Contegno telefonico gentile, cordiale e competente; ●· ·altamente adattabile, auto-motivati e di auto-disciplina. ●· ·In grado di apprendere e lavorare in modo indipendente come in una squadra

ambiente; ●· ·Orientati ai dettagli con attenzione alla qualità e all'accuratezza, capacità di multitasking, forte senso di urgenza e

impegno per l'eccellenza; ●· ·In grado di prosperare in un ambiente basato sulle prestazioni; ●· ·Capacità di lavorare weekend e ore di vacanza;

ASPIRE LIFESTYLES

- Ottime capacità di comunicazione orale e scritta in inglese;

- La capacità di leggere, scrivere, comprendere e parlare fluentemente francese, tedesco, italiano, spagnolo, polacco e / o arabo è un vantaggio;

- In grado di superare con successo un controllo di sicurezza di riferimento di credito, criminale e di lavoro;

- In grado di fornire un ambiente di lavoro in casa che sia ergonomicamente valido, che favorisca le chiamate dei clienti, silenzioso e privo di distrazioni;

- In grado di fornire un computer, internet, telefono e servizio che soddisfi i requisiti minimi attuali. Compensazione:

- Addestramento / riunione / altro tasso - $ 9,00 / ora

- Bonus disponibili

- Compensazione totale in media $ 11,00-13,00 / ora A seconda dello stipendio delle qualifiche : tariffa oraria $ 8,00 / ora, $ 9,00 a $ 11,00 - $ 13,00 per concierge. **ASPIRE LIFESTYLES** ***

Asurion

http://www.asurionforce.com/apply_now.htm

LAVORI: Membro del team di assistenza clienti (a tempo pieno e part-time), servizio clienti bilingue (spagnolo) (a tempo pieno e part-time)

STIPENDIO: Con Asurion sarai un dipendente (non un appaltatore indipendente), lavorerai a un programma settimanale, guadagnerai una tariffa oraria, riceverai una formazione retribuita e ti affidi all'assistenza facilmente accessibile ogni volta che ne hai bisogno.

ALTRE INFORMAZIONI: Le aperture a tempo pieno e part-time sono disponibili e gli orari esatti saranno discussi con ciascun candidato, ma saranno necessarie sere e fine settimana. Devi essere in grado di lavorare sul tuo computer per tutto il tuo turno (meno pause brevi e un periodo di pranzo) mantenendo un ambiente privo di rumore e distrazione.

DOVE: Arizona, Colorado, Florida, Georgia, Indiana, Iowa, Kansas, Louisiana, Michigan, Mississippi, Missouri, Nebraska, Carolina del Nord, Oklahoma, Carolina del Sud, Tennessee, Texas, Virginia, Wisconsin e Wyoming. Verifica le aperture di lavoro per vedere quali città si applicano a questi Stati.

*** ******** *********

AURALOG (DIMMI DI PIÙ)

http://tmm.catsone.com/careers/index.php?m=portal &a=lis tings

LAVORI: Servizio clienti **STIPENDIO:** NotSpecified **ALTRE INFO :** ricontrolla presto ... Non abbiamo nessun lavoro pubblicato qui adesso, ma assicurati di aggiungerci un segnalibro e ricontrollare più tardi. DOVE: US *** ******** *************

EQUILIBRIO DI EQUILIBRIO

LAVORI DI TELECOMMUTING IN NOI

http://www.careerbuilder.com/Jobseeker/Jobs/JobR esults.as

px? qb = 1 & SB% 3Asbkw = telelavoro e SB% 3As_freeloc = & SB% 3Asbfr = 30 & sbsbmt = Trova + Lavori e IPath = QHKV & excrit = st% 3Da% 3Buse% 3DALL% 3BrawWords% 3DBALANCE + ST AFFING% 3BCID% 3DUS% 3BSID% 3D% 3F% 3BTID% 3D0% 3 BENR% 3DNO% 3BDTP% 3DDR

TELECOMMUTING IN NOI PER IL SERVIZIO CLIENTI

http://www.careerbuilder.com/Jobseeker/Jobs/JobR esults.as

px? sd = 1 & nvjtl =% 22JN003% 22 & sc_cmp1 = js_navg_nvjtl & IP ath = ILKB & sc = 5 & APath = 2.21.0.0.0 & navigator = true & excrit = *st% 3dA% 3buse% 3dALL% 3brawWords% 3dtelecommuting% 3bCID% 3dUS% 3bSID% 3d% 3f% 3bTID% 3d0% 3bENR% 3d NO% 3bDTP% 25*

LAVORO: Lavori di telelavoro vari

STIPENDIO: VARIE

ALTRE INFORMAZIONI: il primo collegamento mostra tutti i lavori di telelavoro negli Stati Uniti. Il secondo link mostra tutti i lavori nel servizio clienti.

** ******** *********

SCELTE LIBERE ALLA BARRIERA

http://www.barrierfreechoices.com/careers/careers1f s.html

POSTI DI LAVORO: Attualmente stiamo reclutando **contattori telefonici in uscita domiciliati a livello nazionale** , per aiutarci a localizzare, identificare e registrare aziende senza barriere, chiese e fornitori di servizi professionali interessati a fare più affari con la "comunità di disabilità" dell'America, un forte 65 milioni segmento di popolazione che rappresenta un mercato consumer da $ 220 + miliardi.

I candidati qualificati possono guadagnare un buon reddito e godere di una sostanziale soddisfazione lavorativa da un progetto che porta i consumatori disabili insieme a quelle imprese e fornitori di servizi professionali che si dimostrano maggiormente in grado di soddisfare le loro esigenze individuali uniche.

Sei pronto per la sfida?

ALTRE INFO: verifica il sito; ci sono molte informazioni sul lavoro e su cosa è necessario. ************************************ ***************** **********

BAYER

http://www.career.bayer.com/en/career/job- search /? accessLevel = & functional_area = & country = US & loc ation = & company = & fulltext = home

LAVORI:

RegionalManagerTherapeutic Jul United Residence

23, Stati Uniti

2013

Médicale Science Liaison II - **Jul United Residence** Boston (MA, ME, RI, VT, NH, **22, Stati Uniti** CT)

2013

Medical Science Liaison II - **Jul United Residence** (Florida) **19, Stati Uniti**

2013

Responsabile area vendite **Jul United Residence 17, Stati Uniti**

2013

Medical Science Liaison IIWHC **Jul United Residence** (Chicago, IL, MN, WI, IA, ND, **15, Stati Uniti** SD)

2013

TechnicianService **Jul United Residence** Representative **12, Stati Uniti**

2013

ProfessionalSalesConsultant **Jul United Residence**

10, Stati Uniti

2013

Key Account Manager III **1 luglio, United Residence 2013, sede in Stati Uniti**

Consulente tecnico di vendita I- **Jun United Residence** Iowa **18, Stati Uniti**

Medical Science Liaison II - **Jun United Residence** Oncology (Chicago) **11, Stati Uniti**

2013

Medical Science Liaison II - Gulf **Jun United** Coast **(AR, LA, MS, AL) 10, Stati Uniti**

2013

Medical Science Liaison II - **Jun United Residence** Southwest (NV, AZ, NM) **10, Stati Uniti**

2013

Med Science Liaison II - Great **Jun United Residence** Lakes I (WI, MI) **10, Stati Uniti**

2013

Med Science Liaison II - Great **Jun United Residence** Lakes II (IN, OH) **10, Stati Uniti**

2013

Medical Science Liaison II - New **Jun 5, United Residence** England (Upstate NY, VT, NH,

Rappresentante tecnico di vendita - **Maggio United** Northeast Wisconsin (Appleton **28, o States** Oshkosh) **2013**

2 0 1 3

Stati 2013

Basato ME)

R esid

Ragione

Basato

Specialista di vendita di informatica **May United Residence 22, Stati Uniti**

2013

**Rappresentante tecnico vendite I May United-
Appleton, Wisconsin / Greenbay, 16,
Stati Wisconsin 2013**

**Rappresentante tecnico di vendita - Apr
United Northern Illinois 30, States**

2013

e

Basato

Ragione

Basato

Ragione

Basato

**Consulente tecnico commerciale, regione del
Midwest, distretto di Blackhawk (Illinois centrale**

Apr United Residence 19, Stati Uniti 2013

ALTRE INFO: puoi fare clic su ognuna per ottenere
maggiori informazioni.

DOVE: Diverse aree negli Stati Uniti

*** *****************

ZEBRA BLU

http://www.bluezebraappointmentsetting.com/Careers.asp x

LAVORO: opportunità di lavoro # 1. Incastonatore di appuntamenti. Per saperne di più. Posizione: impostazione professionale per chiamate a freddo e appuntamenti, B2B, lavoro da casa, telelavoro, **appaltatore indipendente.** Questa opportunità di lavoro comporta la chiamata a freddo o la prospettiva di fissare appuntamenti qualificati per i nostri clienti. Blue Zebra Appointment Setting è un'azienda leader nel settore degli appuntamenti professionali.

2. Assistente amministrativo. Per saperne di più. Posizione: Assistente amministrativo, lavoro da casa, **appaltatore indipendente.** Compensazione: una tariffa oraria elevata dipende dall'esperienza e dal livello di abilità. Spese di contratto pagate settimanalmente **Forte compensazione Avanzamento.** Stabilità. Integrità. Empowerment. Una squadra unica.

ALTRE INFORMAZIONI: CONTRATTO INDIPENDENTE PAGATO SETTIMANALE, DEPOSITO DIRETTO.

STIPENDIO: sopra la compensazione di mercato - $ 15 - $ 25 all'ora per iniziare in base all'esperienza e al livello di abilità. Incremento del 10% - 14% entro 30 - 60 giorni di risultati di alta qualità

DOVE: USA, CANADA

** ******** **********

LUMINOSO OCCUPAZIONE

http://brightenemployment.com/Index.aspx
http://brightenemployment.com/CallerInfo.aspx

LAVORO: Telemarketing

STIPENDIO: a partire da $ 12 ore - $ 16 ore, a seconda delle prestazioni. Un aumento sarà dato rispetto ad altri chiamanti a livello nazionale. Sei pagato settimanalmente come un appaltatore indipendente.

ALTRE INFORMAZIONI: Puoi iniziare dalle 20:00 alla settimana fino a 30-40 ore a settimana, a seconda delle tue statistiche. Le ore flessibili sono disponibili dalle 8:00 ora della costa orientale fino alle 17:00 ora della costa occidentale, dal lunedì al venerdì. Le domande vengono effettuate solo online, non si accettano chiamate.

DOVE: Nazionale, Stati Uniti. ** ************** *********

CALL CENTER INTERNATIONAL (CCI)

http://www.ccicompany.us/
http://www.ccicompany.us/AgentlinkMore.aspx

POSTI DI LAVORO: Agente di vendita a domicilio o rappresentante indipendente (appaltatore indipendente)

STIPENDIO: va da $ 20 a $ 30 per vendita attiva di servizi.

ALTRE INFORMAZIONI: Orari flessibili, formazione alla vendita e formazione continua - e-learning e software di comunicazione per essere in costante contatto con l'azienda. **DOVE:** Nazionale, Stati Uniti. ** ************** ********* **CALLDESK**

http://www.calldesk.com/index.php
http://www.jobscore.com/jobs/calldesk/list
http://www.jobscore.com/jobs/calldesk/receptionist-position / daZ1kcxx0r4AuIeJe4bk1X

POSTI DI LAVORO: RECEPTIONISTI VIRTUALI VIVI

SALARIO: $ 10,00 l'ora più bonus di vendita. Le ore sono; Dal lunedì al venerdì, dalle 5:00 alle 18:00 (dalle 8:00 alle 21:00 EST), part-time a 20 ore a settimana, con possibilità di essere a tempo pieno. Devi essere flessibile per lavorare durante l'orario di lavoro con poco preavviso.

ALTRE INFORMAZIONI: Rispondi ai telefoni per più client, prendendo messaggi, pianificando appuntamenti o inoltrando le chiamate. Il receptionist e l'esperienza di vendita precedenti sono d'obbligo. L'esperienza di viaggio sarebbe l'ideale ma non è richiesta. Effettuare chiamate in uscita per alcuni clienti; invio di e-mail, ricerca di base e servizio clienti generale. È inoltre necessario vendere i servizi di Call Desk ad altre attività commerciali.

IMPOSTAZIONE UFFICIO BASE: ●· ·Spazio di lavoro silenzioso ●· ·Connessione Internet ad alta velocità via cavo o DSL ●· ·Telefono con auricolare, un computer affidabile e in grado di essere

al telefono e Internet allo stesso tempo. Devi avere un telefono con filo.

DOVE: Beaverton, OR *** ****** ***************

CAPITALE UNO

http://www.capitalonecareers.com/jobs/filter/13,41,59

https://capitalone.taleo.net/careersection/usnx/jobdetail.ftl? lavoro = 741.077

LAVORI: Lavoro part-time presso il servizio clienti

STIPENDIO: Non specificato.

ALTRE INFORMAZIONI: È necessario essere presenti a Richmond VA per un addestramento a tempo pieno 4-6 settimane prima di iniziare il programma part-time. L'allenamento è dal lunedì al venerdì dalle 8:00 alle 17:00 - Gli orari di apertura sono dal lunedì al venerdì dalle 8:00 alle 12:00 e il sabato e la domenica dalle 9:00 alle 22:00. Dipendente.

DOVE: Richmond, VA e Chesapeake, VA ** ** ****************** **CARENET**

https://www6.ultirecruit.com/CAR1032/jobboard/Jo bDetail s.aspx? ID = * 458F7034FC6BA0DA & jbsrc = 5119312A- 670B-4ED9-B1E3- 36AA368C106B

JOBS: Care Advisor (infermieri registrati) Lavoro da casa (supporto telefonico)

STIPENDIO: Retribuzione competitiva con un piano di incentivi e prestazioni, assistenza medica, odontoiatrica, visione, assicurazione sulla vita e 401 (k), tempo libero retribuito in aggiunta alle vacanze.

ALTRE INFORMAZIONI: Cruciale per la cultura di Carenet, i migliori candidati avranno esperienza clinica, con almeno 3 anni di esperienza recente. **Le responsabilità includono:**

▪·Fornire istruzioni per la cura e istruzione per telefono ▪·Valuta le esigenze dei chiamanti e li assiste nelle questioni relative a cura dei pazienti ▪·Aiutare le persone con un'ampia varietà di salute presentata

condizioni   ▪·Utilizzare la tecnologia informatica per fornire istruzioni per la cura

secondo le linee guida cliniche approvate

▪·Documentare tutti i casi nel sistema software di gestione delle chiamate in modo accurato e all'interno della politica di Carenet

• Ecc .....

****
******** *********

LINK CENTURY

http://www.centurylink.com/Pages/AboutUs/Compa nyInfo rmation / Careers / index.jsp

https://sjobs.brassring.com/1033/ASP/TG/cim_searc hresult s.asp? ref = 719201395717 & SID = ^ ZhM_slp_rhc_hMKaQoTN 30niusubTlwtNztCw6qAIdxCIKaNdAWDBdcaGC RtHYR N0hJc8YmU

POSTI DI LAVORO: VENDITE E CURA INBOUND - LAVORA A CASA

STIPENDIO: la paga iniziale è di **$ 10,50 / ora** , con un aumento fino a $ 12,00 / ora dopo il completamento con successo dell'allineamento! I rappresentanti delle vendite
e dell'assistenza vengono assegnati quote di vendita mensili e devono mantenere le aspettative di qualità del servizio clienti per ottenere ulteriori incentivi mirati alle vendite, che è di **circa $ 9,900 all'anno** per soddisfare il 100%
dell'obiettivo! Includendo gli incentivi di vendita, i nostri dipendenti guadagnano in media oltre $ 16,00 all'ora! *

ALTRE INFORMAZIONI: il primo collegamento è l'informazione di base sulla società, che puoi dare un'occhiata. Il secondo link è la descrizione del lavoro e dove applicare. Qualsiasi offerta di impiego dipende dai risultati di un test antidroga pre-assunzione e da un controllo in background.

DOVE: AZ, CO, FL, GA, IL, IN, KS, LA, MI, MN, MO, MS, MT, NC, NE, NJ, NM, NV, OH, OR, PA, SC, TN, TX, VA, WA, WI, WY

****
******** **********

MISCELAZIONE DEL CANALE

http://channelblend.com/

LAVORI: Servizio clienti

STIPENDIO: $ 9hr

ALTRE INFORMAZIONI: chiamate dipendenti, in uscita e in entrata.

DOVE: USA

****
******** *********

CLOUD 10 (TRANSCOM)

http://tbe.taleo.net/CH11/ats/careers/requisition.jsp?
org=C LOUD10 & cws = 1 & rid = 77

LAVORI: Servizio clienti

STIPENDIO: • I salari orari partono da $ 9,50 all'ora • Incentivi e aumenti di merito possono essere assegnati ai migliori performer • **I** bonus per il numero di vendite riuscite possono essere disponibili

Professionisti di casa I professionisti di Cloud 10 sono solo professionisti. Lavorare a casa sta diventando l'impiego di scelta per i genitori casalinghi, i semi-pensionati, i disabili, coloro che vivono al di fuori della distanza del pendolarismo e altri professionisti che non considererebbero mai di lavorare in un call center di mattoni e malta.

CLOUD 10

La pianificazione virtuale e le ore flessibili disponibili nel modello home source di Cloud 10 sono interessanti per coloro che non possono lavorare a tempo pieno o durante l'orario di lavoro fisso. I vantaggi di un migliore equilibrio tra le esigenze personali e professionali della vita generalmente equivalgono a un At Home Professional con una maggiore soddisfazione della vita, con conseguente migliore servizio per i clienti dei nostri clienti.

ALTRE INFORMAZIONI: Chi è Cloud 10?

Cloud 10 è un call center virtuale con sede a Denver, in Colorado.

Assumiamo agenti provenienti da tutti gli Stati Uniti per lavorare dalle loro case rispondendo alle chiamate di servizio clienti in-bound.

Il software personalizzato consente di instradare le chiamate direttamente al computer di casa dell'agente tramite Internet, pertanto non colleghiamo una linea telefonica dedicata.

I clienti di Cloud 10 spaziano dalle aziende Fortune 500 alle piccole imprese locali, dove forniamo supporto in aree quali servizio clienti, finanza, vendite e competenza tecnica.

Cloud 10 Difference Cloud 10 offre ai nostri agenti, o come li chiamiamo "At Home Professionals (AHP's)", la possibilità di applicare le competenze acquisite dalle precedenti posizioni a un lavoro gratificante e stimolante che consente loro di lavorare da casa . Offriamo tutti i vantaggi di una tipica posizione d'ufficio, con l'ulteriore comodità di lavorare da un ufficio domestico.

A Cloud 10, offriamo:

Impostare gli orari Capiamo quanto sia importante avere un equilibrio tra lavoro e casa. Questo è il motivo per cui tutti i nostri agenti lavorano lo stesso programma ogni settimana invece di fare offerte di lavoro o di effettuare l'accesso giornaliero per vedere se sono disponibili ore (gli orari possono variare in base alle ore di funzionamento e ai requisiti del cliente e possono includere notti, fine settimana o giorni festivi)).

Tariffa oraria Gli agenti vengono pagati in base all'ora in cui entrano nei nostri sistemi e diventano disponibili per ricevere chiamate (in base agli orari stabiliti). La paga non è basata sul numero effettivo di chiamate ricevute o sul tempo di conversazione, come con molti dei nostri concorrenti.

Un rapporto di lavoro Assumiamo i nostri AHP come dipendenti, non come collaboratori indipendenti. I libri paga vengono depositati tramite deposito diretto ogni altro venerdì, e tutte le tasse appropriate sono prese in carico.

Un programma di formazione a pagamento Cloud 10 è una società che apprezza il duro lavoro e

educazione e valorizza i suoi dipendenti. Offriamo un programma di formazione a pagamento che fornisce ai nostri agenti le conoscenze e le competenze necessarie per essere un membro prezioso del nostro team.

Un vero lavoro I nostri agenti, nella maggior parte dei casi, lavorano 5 giorni a settimana, tra 32 e 38 ore alla settimana. I nostri AHP godono del meglio di entrambi i mondi; una carriera appagante e stimolante, un'opportunità per far parte di un team di successo e l'interazione quotidiana con altri dipendenti, il tutto godendo dei vantaggi del lavoro da casa: niente più sprechi di tempo prezioso sui pendolari quotidiani. Meno soldi spesi per il gas, la manutenzione dell'auto e l'abbigliamento.

Chi stiamo cercando? Qualifiche: Al Cloud 10 siamo orgogliosi di offrire ai nostri clienti un servizio clienti eccezionale. Per far parte di questa squadra, stiamo cercando agenti con le seguenti qualifiche:

- Esperienza di servizio clienti precedente, auto-motivato e in grado di lavorare in modo indipendente

- Ottime capacità verbali e di ascolto, compresa una voce professionale e articolata

- Possibilità di eseguire più attività contemporaneamente in più applicazioni mentre si tiene una conversazione con l'utente

- Deve godere di lavorare in un ambiente frenetico ea volte frenetico mantenendo un atteggiamento professionale

- Capacità di impegnarsi in un lavoro impegnativo da 32 a 40 ore settimanali **CLOUD 10**

●· ·Un ambiente di lavoro silenzioso senza responsabilità contrastanti durante l'orario di lavoro. Le responsabilità conflittuali possono includere la cura di un bambino o di una persona anziana

●· ·Diploma di liceo minimo ●· ·Essere in grado di superare un controllo di sfondo criminale. Alcuni

i clienti richiedono inoltre uno schermo per i farmaci, l'occupazione

verifica o un controllo del credito ●· ·Soprattutto, AHP deve mostrare un profondo

impegno a fornire ogni singolo cliente

servizio eccezionale. Com'è veramente il lavoro?

Di seguito abbiamo incluso alcune registrazioni di chiamate di assistenza clienti di esempio che ti daranno un'idea delle tipiche chiamate che facciamo a Cloud10. Per favore, prenditi un momento e ascolta.

- •Chiamata di fatturazione di esempio • •Servizio di esempio

Requisiti del computer: per funzionare come AHP il tuo computer deve soddisfare i seguenti requisiti: Per vedere le nostre specifiche **Fai clic qui** Per visualizzare questo documento devi avere **Adobe Reader**

Nota: le specifiche possono cambiare, variare in base alla campagna e ai requisiti del cliente.

Non sei ancora sicuro? Di seguito sono riportate le istruzioni per individuare le specifiche e le informazioni di sistema sul computer.

- •Fare clic su Start nell'angolo in basso a sinistra dello schermo. **CLOUD 10**

- •Andare su Impostazioni e selezionare Pannello di controllo. • •Fare doppio clic su Sistema. • •Nella scheda generale mostrerà la tua versione di

Windows (almeno Windows Vista Home Premium), CPU Speed (almeno 2,0 GHz) e la quantità di RAM che hai (almeno 3 GB di RAM).

●· ·Per eseguire un test di velocità
andare *a www.speedtest.net* e cliccare la posizione più
vicina a voi, una volta che il test viene fatto visualizzerà
la vostra velocità. (1000 Kbps è anche 1,0 MBps).

Il processo di applicazione di Cloud 10 Il nostro
tipico processo di applicazione consiste in diversi
passaggi:

●· ·Fornire informazioni di contatto di base e
verificare che assumiamo nello stato in cui vivi

●· ·Verificare che il computer e la connessione
Internet soddisfino i nostri requisiti tecnici

●· ·Passare una serie di valutazioni per controllare che
sia giusto per il lavoro

●· ·Intervista con uno dei nostri reclutatori ●· ·V
erificare che abbiamo un programma aperto che si adatta
alle tue esigenze

CLOUD 10

CLOUD 10 - Posizioni tipiche che assumiamo per:

AHP - Servizio clienti Ti senti a tuo agio con le
applicazioni di base del computer e
contemporaneamente navigando attraverso diverse
finestre sullo schermo, il tutto mentre porti avanti

una conversazione con un cliente? Come agente dell'assistenza clienti sei affidabile, cooperativo e adattabile e puoi mantenere la calma in un ambiente frenetico ea volte difficile. Se sei orgoglioso di offrire un servizio clienti eccezionale, di aiutare gli altri e di ottenere soddisfazione da un lavoro ben fatto, questo è il lavoro che fa per te.

AHP - Servizio clienti e vendite Sei una persona entusiasta, energica, orientata all'obiettivo che si diverte ad aiutare i clienti? La tua personalità creativa e rapida ti consente di creare nuove opportunità di vendita da una chiamata al servizio clienti di base? Questa posizione di vendite in entrata consente di utilizzare le competenze del servizio clienti per risolvere i problemi dei clienti di tutti i giorni, per poi portarlo al livello successivo offrendo funzionalità e promozioni aggiuntive. La sfida di raggiungere i tuoi obiettivi di vendita giornalieri e settimanali rende questa una divertente ed eccitante carriera.

AHP - Supporto tecnico Siete una persona che si trova a proprio agio con la terminologia tecnica, la risoluzione dei problemi del PC e le reti domestiche? Avresti eccezionali capacità di ascolto con un cliente che descrive un problema con il proprio computer - e li aiuti a risolvere i problemi? In qualità di agente di supporto tecnico Cloud 10, rispondi alle chiamate dei clienti in arrivo, raccogli i dati e analizzi i sintomi per trovare soluzioni a problemi tecnici comuni. Con questo lavoro, ogni giorno tu

vai via con la soddisfazione di aver aiutato i clienti a risolvere i problemi attraverso il tuo aiuto specializzato e la tua esperienza.

AHP - Lancio di un nuovo prodotto Se sei il tipo di persona che può pensare velocemente ai tuoi piedi, prendi qualsiasi tipo di domanda che ti viene in mente e ami imparare qualcosa di nuovo ogni giorno, abbiamo il lavoro per te! In questa posizione speciale sosterrai un cliente che sta lanciando servizi Internet e voce ad alta velocità a nuovi clienti nelle aree rurali di tutto il paese. Aiuterai i clienti (potenzialmente nella tua città) a conoscere il loro nuovo servizio, a rispondere alle domande di fatturazione, a risolvere i reclami e persino a fornire l'installazione di base e la risoluzione dei problemi tecnici. Questo è un lavoro divertente e stimolante in cui ti trovi in prima linea per far funzionare una nuova rete di telecomunicazioni nel tuo vicinato

Il processo di applicazione viene eseguito tramite TRANSCOM. Potrebbe richiedere tra 30 e 45 minuti. fare.

●· ·Benvenuto ●· ·Idoneità al lavoro ●· ·Anteprima lavoro ●· ·Valutazione ●· ·Test di ♌♋♦♦⽸♦◆□♋·●· ·Verifica sfondo ●· ·Informazioni personali ●· ·Voice Audition

CLOUD 10

DOVE: USA

*** ******* *********

CONTRACT XCHANGE

http://www.contractworld.jobs/

LAVORI: Servizio clienti con diverse aziende (come: PIZZA HUT, KENTUKEY'S (KFC), CAA, L'OREAL, ETC.)

STIPENDIO: tra $ 11hr- $ 16hr, appaltatore indipendente ALTRE INFO: questo è uno dei rari che devi pagare una piccola tassa per l'addestramento e la certificazione, ma ne vale la pena secondo le persone che hanno e stanno lavorando per loro. Per fare domanda per un posto di lavoro devi prima diventare membro, che è GRATUITO, che puoi anche creare il tuo curriculum e fare domanda per uno che ti interessa. A volte ti chiedono di fare la formazione per il lavoro.

I tuoi affari; Nel corso del tempo, è possibile sviluppare la propria attività work-at-home aggiungendo diversi client del centro virtuale. Con più clienti hai una maggiore varietà di lavoro, più opportunità e, naturalmente, guadagnerai di più.

Le tue ore di lavoro; Hai la possibilità di lavorare orari flessibili, a volte per periodi molto brevi. Puoi lavorare tante o poche ore quante ne vuoi, purché soddisfino i programmi dei tuoi clienti.

Il tuo programma di lavoro Pubblichi il tempo disponibile per la prossima settimana nello scheduler online di Contract World. Il sistema di pianificazione integra automaticamente il tempo disponibile con le esigenze dei clienti. Puoi scambiare turni con altri agenti contrattuali nella scheda di scambio dello scheduler. Puoi anche impegnarti in uno stato di attesa per lavoro extra.

Il tuo pagamento; Di solito si paga in base alle chiamate, la tariffa per chiamata è stabilita dai clienti. Sei pagato direttamente dai tuoi clienti del centro di contatto. Il pagamento è bimestrale e depositato elettronicamente sul tuo conto bancario. Le aspettative di reddito, con un mix di clienti, dovrebbero mediamente circa $ 15,00 all'ora.

QUELLO DI CUI HAI BISOGNO; È necessaria la normale configurazione, come qualsiasi altro agente di lavoro a casa.

●· ·Un'area di lavoro tranquilla ●· ·Un computer recente ●· ·Internet ad alta velocità (via cavo o DSL) ●· ·Esperienza computer ●· ·Una linea telefonica aggiuntiva senza extra ●· ·Una cuffia con un pulsante muto e tieni premuto ●· ·A Webcam

DOVE: USA, CANADA E UK

****
******** **********

CONVERGERYS

http://careers.convergysworkathome.com/

http://careers.convergysworkathome.com/calculator/ index. php? locale = us - Un piccolo strumento per calcolare quanto puoi risparmiare lavorando a casa.

https://convergys.taleo.net/careersection/02/moresea rch.ftl? lang = it & searchExpanded = false & radius = 1 & jobfield = 7984 40030599 & radiusType = K

POSTI DI LAVORO: Servizio clienti, vendita e assistenza e Rappresentanti dell'assistenza tecnica

STIPENDIO: da discutere durante l'intervista. ALTRE INFORMAZIONI: Requisiti minimi / Informazioni aggiuntive:

●·

●· ·●·

·

Diploma di scuola superiore o GED e almeno un anno di esperienza nel servizio clienti (è richiesto un anno di esperienza di vendita se si desidera essere considerati per una posizione di vendita e servizio).

È necessario disporre del proprio PC (meno di sei anni) e del servizio Internet ad alta velocità, entrambi testati come parte del processo di richiesta.

Un candidato forte sarà esperto di computer / Internet, che lavora comodamente in diverse applicazioni contemporaneamente.

Dovrai essere una "persona" che ama parlare e assistere gli altri.

La disponibilità è 7 giorni su 7, poiché il servizio clienti è fornito dalla maggior parte delle aziende ogni giorno della settimana.

Gli orari variano e verranno discussi durante l'intervista.

La formazione viene pagata e offriamo vantaggi per i dipendenti.

DOVE: 48 Stati USA

COMUNICAZIONI COX

http://ww2.cox.com/aboutus/careers/search-jobs.cox
https://cox.greatjob.net/jobs/JobListingAction.action ?jobU UID = 1Z3CX_0 & job = 1Z3CX & reqId = 0 & PSUID = ddc33802- e234-4b48- b18f- 7cc7065972fa

https://cox.greatjob.net/jobs/JobListingAction.action ?jobU UID = 1Z2CX_0 & job = 1Z2CX & reqId = 0 & PSUID = ddc33802- e234-4b48-b18f- 7cc7065972fa

Le comunicazioni di Cox stanno cercando agenti di lavoro a casa **(rappresentante dei servizi di account di Telework)** solo in due aree al momento. Per dare un'occhiata ai lavori disponibili dovresti cliccare su; **Sierra Vista, AZ e Tucson, AZ.** Il primo link sopra è la descrizione del lavoro in Sierra, e il secondo link qui sotto è per Tucson. Torna spesso per vedere se c'è un lavoro disponibile nella tua zona.

https://cox.greatjob.net/jobs/JobListingAction.action ?jobU UID = 1Z2CX_0 & job = 1Z2CX & reqId = 0 & PSUID = ddc33802- e234-4b48-b18f-7cc7065972fa

LAVORI: Servizio clienti, rappresentante servizi account di telelavoro STIPENDIO: Dipendente con tutti i benefici. **ALTRE INFO: si** tratta di posizioni da lavoro a casa. È necessario vivere entro una (1) ora dall'ufficio Sierra Vista e dall'ufficio di Tucson, nel caso in cui sia necessario partecipare a corsi di formazione, risoluzione dei problemi tecnici o riunioni di gruppo.

DOVE: Sierra Vista, AZ e Tucson, AZ ** * ********************

CRUISE.COM

http://www.cruise.com/cruise- information /
employment.asp? skin = 001 & pin = & phone = 888
-333-3116

POSTI DI LAVORO: • Agenti di vendita di
crociere (domiciliati), • Agenti di supporto online
(domiciliati), agente del servizio clienti (domiciliato)

STIPENDIO: retribuzione base più piano di
provvigione.

ALTRE INFORMAZIONI: LAVORO
REALIZZATO IN CASA
ATTUALE   OPPORTUNITÀ (MULTI-
STATO)   Cruise.com sta ora reclutando le vendite
di crociere da casa e   specialisti del servizio clienti
per i nostri corsi di formazione autunnale. Ogni   la
lezione si terrà dal lunedì al venerdì, dalle 10 alle
7   pm (EST), per tre settimane consecutive. La
formazione è web-   basato e accessibile dal tuo

computer di casa / internet   fornitore (nessun viaggio richiesto). Solo candidati la cui

iniziale   riprende o domande di lavoro riflettono il settore delle crociere precedenti   l'esperienza sarà considerata. Le interviste telefoniche

saranno   programmato sulla base di un'analisi dei candidati   qualifiche per la

posizione. L'allenamento è pagato e tutto   le posizioni offrono uno stipendio base più un piano di commissioni o incentivi   e un

interessante pacchetto di benefici per idipendenti , incluso   idoneità per i benefici degli agenti di viaggio ***********************************
********** ****************

IL GRUPPO DI ASSISTENZA CLIENTI

http://www.thecustomercaregroup.com/joinus.html

LAVORI: Associato **all'assistenza** clienti

TIPO DI LAVORO:

9.   Chiamate in entrata

   10. Ordini del cliente

11. Richieste e problemi del servizio clienti.

12. Chiamate in uscita.

13. Sondaggi sui clienti

14. Monitoraggio della merce.

15. Comunicare con i servizi di spedizione e consegna.

16. Rispondere alle email del servizio clienti.

17. Esecuzione di vari backoffice del servizio clienti compiti. **STIPENDIO:** $ 10hr, Impiegato **ALTRE INFO:** Come posso lavorare da casa? È una domanda che ci viene continuamente richiesta. Vuoi una valida opportunità con un datore di lavoro legittimo. Vuoi un lavoro che sia interessante e faccia la differenza. Vuoi una possibilità. Presso il Customer Care Group tutti i membri del nostro team sono dipendenti, non imprenditori. Costruiamo relazioni a lungo termine con entrambi i nostri dipendenti e i nostri clienti. I due vanno mano nella mano.

Presso il Customer Care Group non addebitiamo alle persone la possibilità di lavorare. (Che ci crediate o no, alcune aziende lo fanno!) I nostri dipendenti lavorano a tempo parziale a tempo indeterminato e vengono pagati per tutto il tempo in cui lavorano. (Questo è in contrasto con alcune aziende che usano contratti per minuto o per chiamata dove se le chiamate non arrivano, il personale non guadagna soldi). Assorbiamo tutti i costi del processo di candidatura, comprese le competenze online test e controlli di background. Una volta che sei assunto, paghiamo gli stipendi completi durante l'allenamento.

Presso il Customer Care Group impieghiamo persone che si interessano istintivamente delle persone.

DOVE: in oltre 40 stati, USA ** **** **************** **REVISIONE DEL SERVIZIO CLIENTI (CSR)**

http://www.csr-net.com/jointeam.htm

LAVORI: controlli qualità del servizio clienti

ALTRE INFORMAZIONI: IC

DOVE: USA: Wayne, area PA

****
******** *********

DECINAZIONI DI DEROSA

http://www.derosa.com/callteam.htm

Richiedi questo sito a Derosa per i seguenti lavori; Lead Generation, Impostazione appuntamenti, Business Intelligence, Registrazione eventi e Sondaggio.

Sebbene non ci siano posizioni da riempire immediatamente, il   la natura del business è dinamica e le esigenze spesso emergono.   Riceviamo anche richieste da potenziali clienti con modelli di business che non sono adatti a noi e saremo lieti di metterti in contatto con loro con entrambe le autorizzazioni. Facciamo del nostro meglio per soddisfare i requisiti specifici con le competenze e le esperienze appropriate.

****
******** ********

INTERAZIONI DIRETTE

http://www.directinteractions.com/default. aspx?type = content & id = 2

POSTI DI LAVORO: informazioni sul parcheggio e imposizione, rappresentante del servizio clienti

STIPENDIO: formazione pagata a $ 9,25 all'ora. $ 10 l'ora (lo spagnolo bilingue offre una tariffa di $ 12 l'ora una volta certificata in tutte le città).

ALTRE INFORMAZIONI: Le ore di programma sono attualmente dalle 2 alle 23 ora del Pacifico 7 giorni alla settimana, con un'ulteriore espansione probabile. Gli agenti devono essere in grado di mostrare oltre 30 ore di disponibilità ogni settimana in quelle ore e con almeno 6 di quelle ore nel fine settimana. Maggiore disponibilità è il benvenuto e orari aggiuntivi possono essere programmati a discrezione del direttore delle operazioni. Le ore effettive programmate dipenderanno dalle esigenze del cliente, dalle prestazioni degli agenti e dal rispetto delle scadenze. **EM**

DOVE: USA

*** ******** **********

ENTERPRISE

POSTI DI LAVORO: Rappresentante del servizio clienti, Rappresentante di vendita delle prenotazioni, Rappresentante di vendita delle prenotazioni bilingue (francese),

STIPENDIO: $ 10- $ 14 ore A seconda dell'area

ALTRE INFO: ** Si noti che tutti i lavori sono indicati di fronte a ciascuno con VANTAGGI PER I DIPENDENTI "LAVORO DA CASA" PIÙ

DESCRIZIONE DEL LAVORO PER IL SERVIZIO CLIENTI REP.

*** L'UNICA DIFFERENZA È LA CITTÀ IN CUI IL LAVORO È DISPONIBILE. ***

Panoramica:

Il Contact Center per Enterprise Holdings, EAN Services e LLC dispone attualmente di numerose aperture per i rappresentanti del servizio clienti Work From Home a tempo pieno.

I rappresentanti del servizio clienti sono responsabili dell'offrire un servizio eccezionale e l'utilizzo di capacità creative di risoluzione dei problemi per risolvere le preoccupazioni dei clienti in merito a una varietà di richieste. Lavorando da casa come rappresentante dell'assistenza clienti, risponderai alle richieste generali dei clienti e delle filiali, risolvi dubbi o reclami relativi a noleggi, prenotazioni di ricerca, comunichi le politiche sulle filiali e gestisci chiamate di assistenza stradale mentre apprendi politiche, procedure e sistemi per Enterprise, Marchi nazionali e Alamo Car Rental.

ENTERPRISE

Siamo alla ricerca di individui che prosperano in una sfida e vogliono veramente fornire servizi che superano le aspettative di ciascuno dei nostri clienti. Il nostro candidato ideale è orientato al cliente, altamente orientato ai dettagli e in grado di produrre risultati coerenti. Cerchiamo individui estremamente affidabili che possano adattarsi al cambiamento, assorbire e applicare nuove informazioni e che abbiano la determinazione di apprendere processi dettagliati.

- Deve essere un residente del Michigan che vive ad Ann Arbor (Washtenaw County)

- Deve essere disponibile per un corso di formazione virtuale di 6 settimane (dal lunedì al venerdì dalle 9 alle 18 CST)

- La paga iniziale per questa posizione è $ 12 all'ora

- Cerchiamo candidati aperti al lavoro   qualsiasi tipo di programma che potrebbe includere mattina, pomeriggio e sera. Gli orari di inizio possono variare a turno e tutti i programmi richiedono i fine settimana lavorativi, sia il sabato che la domenica.   responsabilità:

- Fornire un servizio clienti eccezionale e raccogliere richiesto   informazioni dal cliente su ogni chiamata per   criteri stabiliti

- Utilizzare l'esperienza per identificare le esigenze dei clienti e gestire   di conseguenza

- Dimostrare sincerità ed empatia quando appropriato da   usando la giusta tonalità di voce / tono e la scelta delle parole

- Fornire informazioni tempestive e accurate che riflettono a   immagine orientata al cliente per l'azienda

- Dimostrare e mantenere professionale orale e scritto   comunicazione con clienti, collaboratori e altro personale aziendale

1. Comunicare le informazioni considerate insoddisfacenti dai clienti in modo discreto

2. Offrire alternative e opzioni per superare le obiezioni

3. Aderire alle assegnazioni di turno in un giorno di 24 ore / 7 giorni   operazione

4. Accetta compiti di lavoro ripetitivi eseguiti in un lavoro limitato   la zona

5. Comprovata capacità di diventare un esperto in tutti i correlati   applicazioni, politiche e il processo di noleggio del veicolo Conoscenze / Abilità / Abilità:

3. Capacità di rimanere resilienti, progettare pazienza ed empatia e fornire un eccellente servizio clienti quando si affrontano situazioni stressanti

4. Aumento del livello di capacità di risoluzione dei problemi e capacità decisionale

5. Capacità di redigere corrispondenza professionale tramite e-mail

6. Capacità di utilizzare più programmi per computer contemporaneamente

7. Mostrare un comportamento professionale, cortese e amichevole

8. Capacità di sondare ulteriori informazioni in a   modi professionali

9. Attenzione ai dettagli e capacità di concentrarsi sul compito corrente con distrazioni ufficio

10. Digitazione accurata e abilità di immissione dei dati Titoli di studio:

2. Deve essere autorizzato a lavorare negli Stati Uniti e non richiedere il patrocinio dell'autorizzazione al lavoro da parte della nostra azienda per questa posizione ora o in futuro

3. Deve avere almeno 18 anni

4. Minimo 1 anno di esperienza lavorativa continua presso stesso datore di lavoro **ENTERPRISE**

•

1. Servizio clienti minimo di 1 anno Esperienza; Preferita esperienza di supporto cliente / escalation precedente

2. Deve avere competenze di base sulla navigazione informatica e conoscenza delle applicazioni Microsoft Office

3. Deve essere in grado di lavorare 40 ore alla settimana

4. Deve essere in grado di lavorare con un programma flessibile, incluso il giorno e / o ore serali

5. Oltre all'osservazione religiosa, deve essere disponibile a lavorare   entrambi i giorni del fine settimana (sabato e domenica) Work From Home Requisiti:

- Deve vivere a Ann Arbor, MI (Contea di Washtenaw)

- Avere una residenza permanente con uno spazio di lavoro definito, pulito, ventilato e silenzioso

- Spazio di lavoro con rilevatore di fumo funzionante, estintore e kit di pronto soccorso   Lavoro da casa Requisiti tecnici:

- Computer (PC, no Mac)

- Versione del sistema operativo: Windows XP SP3, Windows Vista,   Windows 7 o Windows 8

- Cuffie USB per computer con microfono o PC   altoparlanti e microfono

- Accesso a Internet ad alta velocità fornito da un cavo o DSL   fornitore (la banda larga satellitare non soddisfa i nostri   requisiti).

- Velocità di carico minima di 1000 kbps (1,0 Mbps)

- Minima velocità di carico in discesa di 3000 kbps (3,0 mbps)

- L'uso di "carte aeree" wireless e Wi-Fi è vietato **
    Enterprise si riserva il diritto di verificare che
    il PC soddisfi o superi i seguenti
    requisiti . **ENTERPRISE**

-

DESCRIZIONE DEL LAVORO PRENOTAZIONE VENDITE REP.

Panoramica:

Il Contact Center per Enterprise Holdings EAN Services, LLC ha attualmente aperture per i **rappresentanti delle vendite di** lavoro da casa .

Enterprise Holdings è la società madre di marchi multimiliardari Enterprise Rent-A-Car, Alamo Rent-A-Car e National Car Rental.

Il Contact Center fornisce supporto a tutti e tre i marchi e alle loro operazioni commerciali.

Lavorando da casa come rappresentante di vendita di prenotazione, gestirai chiamate in entrata da tutti gli Stati Uniti e in Canada, assistendo i clienti con vendite di prenotazioni e varie richieste dei clienti. Questa posizione offre formazione retribuita, vantaggi competitivi e sconti e un ambiente di squadra professionale e amichevole.

Siamo alla ricerca di individui che prosperano in una sfida e vogliono veramente fornire servizi che superano le aspettative di ciascuno dei nostri clienti. Il nostro candidato ideale è orientato al cliente, altamente orientato ai dettagli e in grado di produrre risultati coerenti. Cerchiamo individui estremamente affidabili che possano adattarsi al cambiamento, assorbire e applicare nuove informazioni e che abbiano la determinazione di apprendere processi dettagliati.

- Deve vivere nell'area metropolitana di Atene

- Deve essere disponibile per un corso di formazione virtuale di 4 settimane   (Lunedì-venerdì, 9a-6p CST) **ENTERPRISE**

- Cerchiamo candidati aperti a qualsiasi tipo di programma che includa la mattina, il pomeriggio e la sera. Gli orari di inizio possono variare a turno e tutti gli orari richiedono i fine settimana lavorativi, sia il sabato che la domenica

- La paga iniziale per questa posizione è di $ 12,10 / ora con l'opportunità di bonus in base alle prestazioni individuali e di squadra   responsabilità:

- Gestire le chiamate in entrata in modo efficiente

- Gestire le prenotazioni per gli uffici mentre promuove il benefici del noleggio con l'azienda

- Rispettare costantemente le prestazioni stabilite e standard di qualità

- Trova e interpreta informazioni complesse da a numero di database

- Comunicare le informazioni considerate insoddisfacenti da i clienti in modo discreto

- Gestire più attività (ad esempio, parlare con i clienti durante l'accesso alle informazioni in un computer)

- Offrire alternative e opzioni per superare le obiezioni

- Mantenere un contegno cortese e piacevole mentre parlare con i clienti esterni ed interni Conoscenze / Abilità / Abilità:

- In grado di apprendere rapidamente in un ambiente tecnico

- Necessità di alfabetizzazione informatica: capacità di successo navigare e manovrare tra più applicazioni contemporaneamente

- Buone capacità di digitazione, inserimento dati e ortografia

- Self-starter e disciplinato; non facilmente distratto   mentre lavoro a casa **ENTERPRISE**

-

- Capacità di risolvere i problemi e risolvere i problemi minori del computer in modo indipendente

- Eccellenti servizi di assistenza clienti, vendite, interpersonali e capacità di comunicazione

- Ottima comunicazione verbale e scritta inclusa grammatica e qualità vocale

- Orientamento al dettaglio, capacità di multitasking, forte senso di urgenza e impegno per l'eccellenza

- Capacità di lavorare sotto supervisione minima Qualifiche:

Deve essere autorizzato a lavorare negli Stati Uniti e non richiedere sponsorizzazioni di autorizzazioni di lavoro da parte della nostra azienda per questa posizione o in futuro

Deve avere almeno 18 anni

Minimo 6 mesi di esperienza di vendita

Minimo 6 mesi di assistenza al cliente
precedente   Esperienza

Minimo 1 anno di esperienza lavorativa allo
stesso   datore di lavoro

Precedente esperienza di vendita in un negozio o
cliente   ambiente di servizio o equivalente,
preferito

Capacità di navigazione di base del computer e abilità
di commutazione   tra diversi schermi di
computer e programmi

Deve avere la capacità di incontrare PC e
Internet   requisiti

Deve essere in grado di lavorare 40 ore alla
settimana

Deve essere in grado di lavorare la mattina, il
pomeriggio e   orari serali in base alle esigenze
aziendali

A parte l'osservazione religiosa deve essere in grado
di   lavoro entrambi i giorni del fine settimana
(sabato e domenica)   **ENTERPRISE**

Lavoro da casa Requisiti:

Deve vivere nell'area metropolitana di Atene

Avere una residenza permanente con uno spazio di lavoro definito   è pulito, arieggiato e silenzioso

Spazio di lavoro con rilevatore di fumo funzionante, fuoco   estintore e kit di primo soccorso   Lavoro da casa Requisiti tecnici:

- Computer (PC, no Mac)

- Versione del sistema operativo: Windows XP SP3, Windows Vista,   Windows 7 o Windows 8

- Cuffie USB per computer con microfono o PC   altoparlanti e microfono

- Accesso a Internet ad alta velocità fornito da un cavo o DSL   fornitore (la banda larga satellitare non soddisfa i nostri   requisiti)

- Velocità di carico minima di 1000 kbps (1,0 Mbps)

- Minima velocità di carico in discesa di 3000 kbps (3,0 mbps)

- L'uso di "carte aeree" wireless e Wi-Fi è vietato   ** Enterprise si riserva il diritto di verificare che il PC soddisfi o superi i seguenti requisiti . **ENTERPRISE**   DOVE: USA,

ESPERTO SVILUPPO AZIENDALE

http://public.expertbizdev.com/join-our-team

POSTI DI LAVORO: Incaricati per appuntamenti
SOGGETTO: Non specificato

ALTRE INFORMAZIONI : appaltatore indipendente, applica direttamente online. Buone idee e buoni affari dipendono dalle persone buone e vogliamo reclutare il meglio. Con il tuo entusiasmo che riflette la nostra politica di rispettosa persistenza, possiamo godere della sfida di aiutare altre aziende a crescere e prosperare. Se sei basato sulle vendite commerciali e sei a tuo agio lavorando in un ufficio a casa, dovresti unirti al nostro team!

Se non è possibile inviare un curriculum online, non è possibile completare il modulo Unisciti alla nostra squadra, avere domande sul processo o richiedere assistenza per inviare il proprio curriculum on-line, inviare **un'e** -mail a **info@expertbizdev.com** .

DOVE: USA, CAN, UK

****
******** * ********* CENTRO DI CHIAMATA
DELLA LINEA FRONTALE

http://frontlinecallcenter.com/Delivery/Page/19

http://frontlinecallcenter.com/Company/JobApplicat
ion

JOBS: Remote Call Center Agent, sopra il
collegamento Application Job è per questo Job.

STIPENDIO: dipendente con benefici

ALTRE INFORMAZIONI: Life AT
FRONTLINE   Lavorare insieme è la chiave del
successo di Frontline Call Center. Ci sforziamo di
aiutare i nostri team a soddisfare gli obiettivi
personali e aziendali. I supervisori sono sempre
disponibili per addestrare e istruire, garantendo il
successo dei dipendenti.

VANTAGGI E vantaggi   -Vacanza pagata   -Paid
Sick Time   -Balanced W ork Environment -
Advancement Opportunities -Great Training

I gestori di call center di Frontline sono professionisti ben formati, che fungono da estensione della tua azienda. Queste persone che lavorano sodo portano varie competenze, competenze ed energia a qualsiasi progetto o campagna supportata da Frontline. Alcuni account manager scelgono di lavorare da uffici domestici remoti consentendo flessibilità e un tasso di fidelizzazione più elevato mentre altri altri lavorano dal nostro ufficio principale situato in East sound, WA.

I nostri account manager e agenti sono dipendenti di Frontline Call Center e non sono appaltatori indipendenti. Il nostro team è distribuito in 14 stati.

• All Based in USA • Età media 35+ • 80% di istruzione universitaria • 85% di esperienza nelle vendite e nell'assistenza clienti • 40% di esperienza nella gestione

CENTRO DI CHIAMATA DELLA LINEA FRONTALE

• Genitori Stay-at-Home • Sposi militari • Pensionati • Pendolari rurali

Call Center Frontline supporta e incoraggia entrambi   eccellenza e formazione continua attraverso una varietà di canali. Gli Account Manager sono selezionati in parte da un rigoroso processo di domanda online personalizzato per valutare l'attuale livello di competenza del candidato. I candidati devono inoltre sottoporsi a più interviste valutando il loro carattere e personalità per garantire una buona corrispondenza con la cultura aziendale. Se un gestore account sceglie di lavorare da casa, le sue apparecchiature vengono verificate, protette e monitorate. Un sistema di monitoraggio secondario implementato da entrambi i manager e supervisori che acquisisce informazioni in tempo reale sulle prestazioni degli agenti quali tempi di attesa delle chiamate, tempo di conversazione delle chiamate e lavoro post-chiamata. Con un clic di un tasto la gestione superiore può ascoltare qualsiasi chiamata in corso. Gli agenti sono inoltre supportati tramite metodi di chat online sicuri. La gestione superiore viene selezionata in parte per le loro capacità multi-tasking e la capacità di monitorare le chat agente. Gli agenti possono porre domande e incrociare le informazioni di verifica con altri membri del team, manager, supervisori o personale designato all'interno della vostra azienda.

FRONTLINE COMMUNITY 2.0

Di recente abbiamo presentato la nostra ultima applicazione, la Frontline Call Center Community 2.0.

Mentre la nostra piattaforma di call center si è comportata bene sopra   standard del settore abbiamo visto la necessità di estenderlo ulteriormente legando   in aree aggiuntive come la gestione delle chiamate degli agenti   processi e processi di segnalazione.   Ti invitiamo a esplorare ulteriormente questa applicazione multifunzionale creata dal nostro talentuoso team IT e come la utilizziamo nel nostro call center per ottimizzare l'efficienza nelle operazioni e aumentare la produttività degli agenti. **Clicca qui** per un breve tour.

LA GESTIONE DELLE CHIAMATE DELLA COMUNITÀ E DELL'AGENTE   La Community 2.0 di Frontline Call Center ha cambiato il modo in cui i nostri agenti interagiscono con le informazioni e i dati dei nostri clienti per il meglio. Utilizzando la Community siamo in grado di fornire informazioni specifiche sull'account pertinente sulla base della necessità di sapere usando pagine comunitarie completamente ricercabili e facilmente aggiornabili.

La pagina di un account di base può contenere informazioni sull'azienda, indirizzo e importanti processi di gestione delle chiamate in un colpo d'occhio per consentire agli agenti di accedere all'inizio di una chiamata. Da lì gli agenti possono accedere a quante più pagine di ricerca o pagine di FAQ in cui sia necessario per rappresentare i nostri clienti a un livello altamente personalizzato.

Questa capacità di ricerca informativa ci dà un sacco di flessibilità nell'essere in grado di addestrare gli agenti a script gratuiti, facendo scorrere le chiamate nel modo più naturale possibile, consentendo agli agenti di acquisire informazioni correttamente, fare riferimenti incrociati ad altre aree senza saltare lo script e fornire una risoluzione di prima chiamata come spesso possibile.

CENTRO DI CHIAMATA DELLA LINEA FRONTALE DOVE: USA

FONEMED

http://fonemed.com/employment

LAVORI: Infermieri registrati, addetti alle vendite, rappresentanti del servizio sanitario

Infermieri registrati

Le infermiere registrate **di FONEMED** forniscono triage telefonico e consigli sulla salute ai chiamanti in tutto il Nord America. Utilizziamo linee guida informatizzate di triage Schmitt / Thompson per aiutare a valutare i sintomi dei pazienti. Oltre alle chiamate di triage, riceviamo domande che richiedono informazioni su condizioni mediche, farmaci, test diagnostici, ecc ... Tutte le chiamate sono documentate elettronicamente e tutti gli incontri telefonici sono registrati.

I clienti **di FONEMED** sono principalmente medici. I clienti fanno trasferire le chiamate dei loro pazienti a FONEMED quando i loro uffici sono chiusi. La maggior parte delle ore sono serate, notti, sabato e domenica.

Le infermiere di FONEMED lavorano da remoto da casa.

FONEMED assume durante l'anno in base all'aumento del volume delle chiamate previsto. Manteniamo l'invio delle domande in archivio per un massimo di 6 mesi. Man mano che nuove aperture di posizione sono disponibili, tiriamo fuori dai nostri curriculum e pubblichiamo anche su siti di reclutamento esterni. Se non hai ricevuto una chiamata da FONEMED entro 6 mesi dall'invio della tua domanda e desideri che ti tengano nei nostri file, invia nuovamente la tua richiesta.

Qualifiche ed esperienza:

- Tre anni di esperienza clinica recente, pediatria e adulti. La maggior parte delle chiamate di triage sono pediatriche e provengono da tutto il Nord America.

- Almeno 1 anno di esperienza recente nel triage telefonico con software di triage elettronico e protocolli / linee guida informatizzati è normalmente richiesto per gli infermieri domiciliari.

- L'esperienza nell'utilizzo delle linee guida di Barton Schmitt / David Thompson sarà un vantaggio.

- Forti capacità di comunicazione.

- Forti capacità di valutazione clinica.

- Capacità di lavorare in un ritmo in continua evoluzione   ambiente e mantenere gli standard FONEMED di a   media di 4-5 chiamate di triage all'ora.

- Abilità informatiche di base all'interno di un ambiente Windows e capacità di tastiera.

- Licenze RN attive in stato di residenza. Deve essere disposto richiedere una licenza aggiuntiva su richiesta del datore di lavoro (rimborso previsto).

- L'inglese bilingue / spagnolo o un'altra lingua sarà considerato un bene. Aspettative dell'infermiera:

- Flessibilità con le ore, compresa la possibilità di lavorare 3 fine settimana al mese.

- Stanza separata con porta per mantenere il rumore familiare regolare (considerare anche l'abbaiare del cane, ecc.) **FONEMED**

● Accesso a Internet ad alta velocità (senza dial-up) e una rete fissa dedicata.

● Partecipazione (tramite telefono) alle riunioni dello staff. ● Piena conformità con le politiche FONEMED e

procedure, compresi i requisiti di riservatezza HIPAA. Compensazione e ore:

- Paga
oraria • &□■ ℽ ℳ ♎□ retribuito •· Pensio
n Plan / 401 (k) con la corrispondenza dell'azienda

•· accesso all'assicurazione sanitaria dell'azienda
FONEMED e il pagamento del 80% dei premi dei
dipendenti (FTE) e il 50% dei premi di famiglia

Stati:

FONEMED concentra le assunzioni nei 24 stati
Nurse Licensure Compact e negli stati in cui
abbiamo già dipendenti. Se il tuo stato non è
elencato di seguito, contatta i tuoi legislatori statali e
incoraggiali a mettere in atto il Patto
(**https://www.ncsbn.org/158.htm**). E anche se il
tuo stato non è qui, non esitare a inviare il tuo
curriculum poiché le nostre esigenze di assunzione
possono cambiare rapidamente a seconda delle
nuove esigenze del cliente.

Arizona Arkansas California Colorado

Montana Nebraska

Montana Nebraska New Hampshire New Mexico

Delaware Florida Georgia Idaho Iowa Kentucky
Maine Maryland Mississippi Missouri

Dakota del Sud Carolina del Nord Rhode Island
Carolina del Sud South Dakota Tennessee Texas

Dakota del Sud Carolina del Nord Rhode Island
Carolina del Sud South Dakota Tennessee Texas

Utah Virginia Wisconsin

Referenti:

Se hai contatti tra ospedali, cliniche, studi medici o
altri potenziali clienti o se il tuo galoppo di chiamata
corrente sta chiudendo, paghiamo un minimo di $
400 per ogni lead qualificato che si traduce in un
contratto cliente firmato. Vi preghiamo di contattarci
a **referrals@fonemed.com** per ulteriori
informazioni.

Si prega di visitare questo **sito Web** per
informazioni generali su come lavorare da casa.

Venditori

L'opportunità

Fai avanzare la tua carriera di vendita di assistenza
sanitaria con il team di vendita riconosciuto a livello

nazionale di FONEMED. Come professionista delle vendite per

FONEMED sarai parte integrante del nostro team di vendita ad alta energia, sviluppando un set di competenze professionali e imparando le complessità della nostra organizzazione e dell'industria. Giorno per giorno, interagirai con i nostri clienti, vendendo i nostri prodotti e servizi proprietari che saranno i migliori

soddisfare i loro bisogni. Inoltre, parteciperai a un programma di allenamento dinamico che ti preparerà bene per affrontare le sfide associate al settore sanitario in continua evoluzione. Come risultato del tuo duro lavoro e dedizione a FONEMED, cercheremo di implementare diverse opportunità per far crescere la tua carriera con potenziali opportunità di distribuzione e all'ingrosso.

Il candidato

FONEMED cerca un esperto laureato e / o professionista delle vendite con un minimo di 1 anno di esperienza di vendita in continua crescita, che ha dimostrato la sua leadership nelle precedenti esperienze lavorative, preferibilmente nelle vendite di assistenza sanitaria. Diamo il benvenuto a tutti i candidati che hanno una comprovata esperienza nel chiudere l'affare e fornire un servizio clienti eccezionale. I candidati ideali sono interessati a costruire una carriera in FONEMED.

●·   Deve essere disposto a lavorare un minimo di 20 ore alla settimana durante la transizione e ramp-up in 40 ore settimanali.

●   Un individuo orientato al rendimento, orientato agli obiettivi e altamente organizzato.

●·   altamente motivati con uno spirito competitivo, prospera in un ambiente percorso veloce.

●   Competenza nelle vendite di assistenza sanitaria e / o vendite a livello professionale richieste.

compensazione

La compensazione totale è basata **solo** su **commissione** . Un professionista delle vendite di assistenza sanitaria di successo può aspettarsi di guadagnare un reddito basato su commissioni compreso tra $ 30.000 e $ 100.000k + all'anno. Dopo 3 mesi di vendite di successo, i professionisti delle vendite hanno diritto all'assicurazione sanitaria e dopo 6 mesi hanno diritto ai vantaggi di corrispondenza 401 (k).

Rappresentanti del servizio sanitario (HSRS)

Gli HSR sono il punto di contatto iniziale per i nostri chiamanti. Le responsabilità primarie sono la risposta alle chiamate e l'invio di informazioni demografiche.

Titoli di studio:

● Diploma di scuola superiore minimo. ● Abilità informatiche all'interno di un ambiente Windows. ● Buone capacità di telefonia e comunicazione. ● Il call centre precedente ha un vantaggio.

Viene fornito un periodo di orientamento di due settimane. In questo momento tutte le posizioni HSR sono a Terranova, in Canada.

È politica di **FONEMED** conformarsi ai concetti e alle pratiche dell'azione affermativa e promuoviamo il nostro pieno sostegno a pari opportunità di lavoro per tutte le persone, indipendentemente dalla razza, dal colore, dalla religione, dal sesso, dall'origine nazionale, dallo stato civile, dalla disabilità fisica, condizione medica, età, status di veterano disabile speciale, veterano dell'era del Vietnam o altro idoneo, a condizione che l'individuo sia qualificato per svolgere le mansioni sopra descritte.

Si prega di scegliere il lavoro per il quale si desidera inviare una domanda .

ALTRE INFORMAZIONI: DIPENDENTE

DOVE: USA, CAN

** ******** **********

GLOBEWIRE

http://www.globewired.com/web/globe/applynow.html

POSTI DI LAVORO: assistenza clienti, vendite e supporto tecnico   ALTRE
INFORMAZIONI: Globe Wired offre un lavoro da casa opportunità che è su misura per il tuo

programma e stile di vita. Cerchiamo agenti altamente motivati, competenti e responsabili per lavorare direttamente con i clienti.

Sei tu a decidere le ore e i giorni che più ti si addicono mentre lavori dal comfort del tuo ufficio.

Cuffie da utilizzare con le stazioni Softphone È necessario un auricolare USB. Ti consigliamo un auricolare Plantronics DSP.

Workstation (PC) Requisiti Processore:

●   Pentium IV 2400 MHz o superiore. ●   Memoria: Windows 2000 o Windows XP: 1 GB o

maggiore sistema operativo Windows Vista: 1 GB o superiore ●   Java Runtime Environment versione 6.0. (Quale può essere

scaricato gratuitamente **cliccando qui**)

Requisiti Internet   Abbonamento ad una connessione internet bidirezionale affidabile, ad alta velocità, cablata. DSL o via cavo con velocità minima di almeno 200 kbps di download e 200 kbps di upload. Le connessioni satellitari e wireless non sono supportate.

DOVE: USA

****
******** **********

MOLA

http://www.grindstone.com/work-with-b2b-
business- direct-telesales.html

POSTI DI LAVORO: Incaricati di appuntamenti,
STIPENDIO di generazione di lead: non specificato,
appaltatore indipendente

ALTRE INFORMAZIONI : Reclutare e mantenere il
miglior talento è una delle chiavi del successo di
Grindstone. La nostra massima priorità è trovare e
mantenere le persone migliori, indipendentemente
da dove si trovino!

Siamo sempre alla ricerca di professionisti di talento
per far parte del nostro team. Lavora dal tuo ufficio
remoto, Se hai una buona voce del telefono, sono
organizzati e con esperienza nei servizi che
forniamo ai nostri clienti, allora vogliamo parlare
con te. La maggior parte dei nostri clienti ha bisogno
di assistenza nel settore dei servizi tecnologici e

commerciali, anche se abbiamo successo con clienti in altri settori.

I nostri clienti richiedono che assumiamo il meglio. Coloro che superano il nostro processo di screening approfondito avranno l'opportunità di prosperare con un'azienda in crescita.Siamo all'avanguardia di una nuova tendenza e crediamo nella promozione dall'interno. Per favore, prenditi un minuto per registrarti qui sotto.

Al momento della registrazione sarai idoneo al lavoro. Riceverai anche annunci di lavoro dettagliati via e-mail, a cui potresti fare domanda se hai esperienza e capacità che stiamo cercando. Inoltre, i nostri recruiter possono contattarti in modo proattivo se vedono una buona corrispondenza. Assicurati di compilare "completamente" la pagina di registrazione.Le registrazioni incomplete sono disapprovate.

....

.... ● DEVI avere una tranquilla area di lavoro libera da

distrazioni e interruzioni. ● Grindstone fornisce lavoro durante il lavoro

SOLO ore - Nessuna sera o fine settimana a questo

tempo. ● Grindstone fornisce MOSTLY Outbound

servizi di chiamata a freddo. ● Grindstone NON
fornisce il Cliente

Il servizio funziona in questo
momento. AVETE BISOGNO DI
ALMENO ✳☼☜ ✌☠☠✋ DI

Telemarketing in uscita o esperienza di vendita o tre anni
di esperienza in Appointment Setting / Lead Generation.

●· è necessario soddisfare i requisiti indicati di
seguito.

Requisiti - Stiamo cercando Talent "Outbound"
Telemarketers

● 3 anni di impostazione di appuntamento Business
to Business di successo o vendite dirette

●· L'esperienza di parlare con i proprietari di attività,
CEO, presidenti e responsabili delle
decisioni ● Telefono professionale dal suono
ottimista

voce ● Un desiderio di interagire con la prospettiva

i clienti con vendite consultive

approccio ● Capacità di prendere direzione e
seguire ● Accesso Internet ad alta
velocità ● ✌ Instant Messenger

●· Microsoft Outlook ●· programma di
protezione
antivirus ● Piano ◆☺□⊁⤢⤢☺□⊁□ illimitato
a lunga distanza ● Esperienza e competenze su
computer / Internet

Grindstone utilizza i servizi di Virtual Pros
Staffing. Clicca qui per registrarti su
VirtualPros.com

ESSERE PREPARATO PER COPIARE E
INCOLLARE IL TUO RESUMO. * Nota:
(Registrandosi per lavorare su Grindstone, verrai
inserito nel nostro database per ricevere messaggi di
lavoro occasionali)

DOVE: USA

****
******** **********

GUTHY RENKER FULLFILLMENT

https: // carriere-
grfs.icims.com/jobs/search?ss=1&searchKeyword=

&search Location = & searchCategory = &
searchPostedDate = & searchP ositionType = &
searchRadius = 5 & searchZip =

JOBS: Call Center Agent - Servizio clienti full-time
(@Home)

STIPENDIO: non specificato, dipendente

**ALTRE INFORMAZIONI: Riepilogo lavoro
(funzione primaria)** Sotto la supervisione diretta del
supervisore, risponde al servizio di assistenza clienti in
entrata e alle chiamate in entrata, rispondendo alle
richieste in modo cortese, utile ed efficiente. Deve
effettivamente offrire vendite; cercare di salvare i
clienti che annullano e chiudere le vendite
promuovendo al contempo relazioni ottimali con i
clienti.

**PC (Partner Client) Call Center Agente
specifico:** elaborare ordini di posta e restituire in GRFS
o in un sistema di inserimento / evasione ordini specifico
del cliente. Può anche rispondere alle richieste dei clienti
via e-mail.

Agente di Live Chat Specifico: Fornire un eccellente servizio clienti tramite il software Live Chat in modo professionale ed efficiente.

DOVE: USA, VERIFY JOBS, US-LA-Covington, US-NC-

Arden ********************************* *************************** **HILTON**

http://www.hrccjobs.com/career.asp

https://hilton.taleo.net/careersection/us_external/jobs earch. FTL? lang = it & organization = 66140483459

LAVORO: ●·✎□□□♎⚹■·Coordinatore dell'assistenza clienti Work at Home, parte

Time - Dallas, TX, ●·   ·lavoro a tempo parziale a casa Prenotazione vendite

Specialista Position-PM Hours-Dallas, TX, ●·   ·Part Time Work presso Home Reservation Specialist Sales - Evening Hours - Tampa, Florida

STIPENDIO: Coordinatore di Assistenza Clienti Work at Home, Part Time - Dallas, TX Requisiti per la pianificazione dei lavori richiesti:

●· ·In questo lavoro in posizione di riposo è necessario essere disponibili a lavorare 20-29 ore alla settimana in un orario flessibile composto di più ore Mid-day in cui si costruirà il vostro programma tra

le ore 12:00 e 18:00. Gli orari lo faranno

includere l'orario del fine settimana e alcune festività. ●· ·Devi essere disponibile per il nostro **programma di allenamento di 7 settimane**

tenuto in loco dal lunedì al venerdì a partire da lunedì 14 ottobre 2013 . Le ore di formazione saranno: dalle 10:00 alle 15:30 CST

Part-time Lavoro a domicilio Prenotazioni Specialista di vendita Position-PM Hours-Dallas, TX

●· ·Guadagna $ 11 a $ 14 all'ora: Retribuzione di base + incentivi legati ai risultati. Siamo felici di premiare i lavoratori che fanno lo sforzo extra per avere successo. I migliori artisti non vedono l'ora di guadagnare fino a $ 14 all'ora, in base ai risultati individuali e di squadra.

●· ·Esiste un orientamento di pagamento obbligatorio per questa posizione. L'orientamento per questa classe inizierà martedì 17 settembre 2013.

●· ·L'allenamento obbligatorio per questa posizione inizierà **lunedì 23 settembre 2013.** Questa formazione sarà aperta dal lunedì al venerdì per 7 settimane dalle 18:00 alle 23:30.

HILTON

Specialista di vendita a tempo parziale presso le prenotazioni domestiche - Evening Hours - Tampa, Florida

●· ·Guadagna $ 11 a $ 14 all'ora: Retribuzione di base + incentivi legati ai risultati. Siamo felici di premiare i lavoratori che fanno lo sforzo extra per avere successo. I migliori artisti non vedono l'ora di guadagnare fino a $ 14 all'ora, in base ai risultati individuali e di squadra

●· ·Esiste un orientamento di pagamento obbligatorio per questa posizione. **L'orientamento è martedì 1 ottobre dalle 18:00 alle 23:30**

Approfitta della nostra formazione completa a pagamento, e

accordi di lavoro flessibili. Iscriviti oggi! ●· ·In questo lavoro in posizione di riposo è necessario essere disponibili lavorare da 20 a 29 ore settimanali in un orario flessibile composto prevalentemente da mezzogiorno a sera. **Gli orari includeranno le ore del fine settimana e alcune festività.**

●· ·È necessario essere disponibile per il nostro programma di formazione di sette settimane tenuto in loco Lunedi al Venerdì per le prime 4 settimane di formazione e Martedì al Sabato per le ultime 3 settimane di allenamento. **Il corso di formazione inizia lunedì 7 ottobre tra le 18:00 e le 23:30**

HILTON

Quali benefici riceverò?

I tuoi benefici includeranno uno stipendio iniziale competitivo e, a seconda dell'ammissibilità, un beneficio per la vacanza o il tempo libero a pagamento (PTO). Avrai immediatamente accesso ai nostri vantaggi esclusivi come il Team Member e il Family Travel Program, che offre tariffe ridotte per hotel in molti dei nostri hotel per te e la tua famiglia, oltre a sconti su prodotti e servizi offerti da Hilton Worldwide e dai suoi partner. Dopo 90 giorni puoi iscriverti ai piani di assistenza sanitaria e benessere Hilton Worldwide, a seconda dell'idoneità.

Hilton Worldwide offre inoltre ai membri del team idonei un piano di risparmio 401K, oltre a programmi di assistenza ai dipendenti e programmi di assistenza educativa. Non vediamo l'ora di rivedere con voi i vantaggi specifici che ricevereste come membro del team Hilton Worldwide. Le informazioni di cui sopra sono fornite come punto di forza dei principali vantaggi offerti alla maggior parte dei membri del team a pieno titolo negli Stati Uniti. Tutte le prestazioni elencate potrebbero non essere disponibili in tutte le località. Questa non è una descrizione del piano riassuntivo o un documento del piano ufficiale.

ALTRE INFO: Coordinatore di assistenza clienti Work at Home, Part Time - Dallas, TX **Work from Home!** *Siete fiduciosi, orientati al cliente,* orientati ai risultati e desiderate la flessibilità di lavorare da casa part-time pur essendo parte di una forte organizzazione globale? Allora abbiamo il giusto lavoro per te!

HILTON

Cosa
farò? Come **coordinatore** dell'assistenza clienti, massim izzerete la soddisfazione del cliente per i nostri membri HHonors rispondendo alle telefonate in arrivo

relative ai loro conti, invii e dichiarazioni promozionali, punti di riscatto, rimborso e altri aspetti del programma HHonors. Fornirai costantemente un servizio di prima qualità incentrato sulle vendite di prenotazioni, garantendo al contempo alti tassi di occupazione e vendite. In questo ruolo, dovrai:

●· ·Massimizza il numero di chiamate effettuate su base giornaliera, rispettando costantemente tutti i Key Performance Indicator (KPI) minimi.

●· ·Rispondere alle richieste dei membri in modo amichevole e follow-up per garantire il 100% di soddisfazione

●· ·Esegui l'inserimento dei dati iscrivendo nuovi membri e pubblicando i soggiorni mancanti nell'account del membro

●· ·Emetti ricompense e riemetta i materiali per i soci su richiesta

●· ·Contatto singole proprietà, se del caso, per affrontare le questioni relative ai conti di questo utente, migliorando l'efficacia del programma, fornendo una comunicazione efficace e feedback

●· ·Partecipare a progetti o programmi speciali assegnati ●· ·Partecipare attivamente a corsi di formazione periodici e sessioni di feedback dei dipendenti, incluso fornire feedback non richiesti per offrire suggerimenti per migliorare l'esperienza del cliente.

●· ·Aumenta continuamente la conoscenza di tutte le promozioni Hilton in corso utilizzando il database delle promozioni

HILTON

Cosa stiamo cercando? Qualifiche di base:

●· ·Diploma di scuola superiore o equivalente ●· ·Almeno 1 più anni di storia lavorativa costante in a

Ruolo incentrato sul cliente ●· ·Minimo 6 mesi di esperienza lavorativa in a

ruolo di prestazioni in cui hai avuto specifici

metrica / obiettivi ●· ·Ottima comunicazione e capacità di ascolto attivo,

compresa la capacità di parlare, leggere e scrivere fluentemente in inglese

Requisiti tecnici richiesti

●· ·È necessario disporre di una linea di terra con un prefisso locale (fino a 972) entro il primo giorno di allenamento. (I telefoni cellulari oi telefoni VoIP non sono accettabili)

●· ·Intel x86 compatibili personal computer con la masterizzazione di CD e capacità di scheda audio, un minimo di 512MB di memoria RAM, e un monitor compatibile, tastiera e mouse.

●· ·Connessione Internet cablata ad alta velocità (wireless non è accettabile)

●· ·Home Office senza rumori di sottofondo ●· ·Abilità tecniche avanzate, compresa la capacità di facilmente

navigare più schermate, parlare e digitare allo stesso tempo e risolvere i problemi di base del computer

HILTON

*** ******* **********

PROPOSTE DI AFFITTO

http://www.hiringpros.ca/seekers.htm

LAVORO: Rappresentante vendite Reclutatore, Agente di viaggio, ecc ...

ALTRE INFORMAZIONI: Agente di viaggio senior

Se sei un esperto agente di viaggio che cerca di affiliati con un'agenzia ospitante per avviare un'attività di viaggio a domicilio, allora siamo il partner per te. Il nostro programma a domicilio offre:

●· ·Accesso alle risorse di formazione interne per migliorare le tue capacità

●· ·Servizi di supporto marketing, vendite, amministrazione e contabilità

●· ·Tecnologia ☺●●⚐☺❖☺■♑◆☺□♎♓☺·●· ·Commissioni di settore (fino all'80%) ●· ·Spese operative minime, nessun inventario, no

crediti ●· ·Partecipazione al prestigioso viaggio globale di Virtuoso

Rete ●· ·Membership nel Circolo di Eccellenza di Air Canada ●· ·Contratti di linea aerea preferiti attraverso il nostro commercio all'ingrosso

divisione, Gateway canadese ●· ·Opportunità di lavoro basate sulla Commissione

Abilità ed esperienza desiderate

- · ·Il candidato ideale ha esperienza recente a lavorare come agente di viaggi canadese, la ricerca, il coordinamento e la prenotazione per il tempo libero e / o viaggi aziendali

- · ·CANDIDATI *DEVONO* AVERE LA PROPRIA LISTA DEL CLIENTE ATTUALE

Questa opportunità è aperta ai residenti in Canada.

Abbiamo anche programmi appositamente progettati per i nuovi laureati in viaggio e le persone che vogliono iniziare una carriera nel mondo dei viaggi. Contattaci per tutti i dettagli.

Si prega di inviare il tuo curriculum oggi per la considerazione immediata!

Clicca qui e **inviaci il tuo curriculum** per essere considerato per questa posizione .

Kingston, Windsor, London, ON

CONSULENTE VENDITA DI VIAGGIO CRUISE
Siamo leader di mercato nelle vendite di viaggi in crociera.

La nostra esperienza, comprovata esperienza e le relazioni privilegiate con tutte le principali compagnie di crociere fanno sì che i nuovi consulenti di crociera possano godere di una transizione più fluida nel business. Per soddisfare il nostro crescente business, stiamo cercando un consulente di viaggio / rappresentante di vendita

Offriamo i sistemi, il supporto e l'esperienza per aiutarti ad avere successo. Apprezzerai i vantaggi di essere supportato dalla forza di un'azienda internazionale, un marchio riconosciuto e un team di gestione esperto.

PROPOSTE DI AFFITTO

Offriamo:

●· ☹♋❖□□□·commissionato al 100% con opportunità di crescita accelerata

●· ·si sarebbero tenuti a pagare la vostra, tassa professionale con cadenza annuale come un consulente di viaggio

●· ·La capacità di lavorare a tempo pieno o part-time con accesso al nostro sistema di gestione delle prenotazioni via Internet

●· ·Leadership di categoria come il più venduto con tutte le principali compagnie di crociera

●·   ·Il più alto potenziale di guadagno attraverso contratti di esclusiva privilegiati con compagnie di crociera e tour operator

●·   ·Sistemi di marketing collaudati e tecnologia leader attraverso la nostra piattaforma proprietaria di gestione delle relazioni con i clienti aziendali

●·   ·Formazione approfondita, supporto continuo allo sviluppo del business e un ambiente di squadra dinamico

●·   ·Viaggi internazionali a tariffe altamente scontate ●·   ·Viene fornita una formazione completa ●·   ·Ottimo reddito

Chi stiamo cercando:

I nostri consulenti provengono da una varietà di esperienze lavorative e portano una serie diversificata di competenze al business.

Entusiasmo e capacità di coinvolgere le persone di persona o al telefono sono le qualità essenziali di un consulente di crociere di successo.

PROPOSTE DI AFFITTO

Siamo il più grande rivenditore di crociere in Canada e offriamo ai nostri consulenti un'opportunità imprenditoriale e uno stile di vita unici, come orari flessibili, viaggi, cameratismo e divertimento.

Questa è una posizione basata sulle prestazioni, quindi cerchiamo energia alta e piacevoli go-go che cercano di ottenere un reddito completo a tempo pieno o parziale.

Si prega di applicare oggi!

Clicca qui e **inviaci il tuo curriculum** per essere considerato per questa posizione.

http://www.hiringpros.ca/jobs/jobapply.php?ad=137 044471 4

DOVE: CANADA, USA

*** ******** **********

HOME SHOPPING NETWORK (HSN)

http://www.hsn.com/article/hsn-careers-work-from-home / 4983? nolnav = 1

https://hsn.taleo.net/careersection/wah/jobsearch.ftl? lang= it & radiusType = K & radius = 1 & keyword = Work-at- Home & portal = 101430233

POSTI DI LAVORO: Gestione delle attività lavorative presso casa - Vendite e assistenza, TN-

Nashville,

●· ·Rappresentante - Serate di servizio a domicilio (a tempo pieno), TN-Nashville- (rappresentante del servizio clienti di Tennessee a tempo pieno)

●· ·Rappresentante - Serate di lavoro al lavoro (a tempo parziale) - (Rappresentante commerciale a tempo parziale di St. Pete Work at Home)

●· ·Rappresentante - Serate di lavoro Work at Home (Part Time) - (Part-time Sales at Home Sales Representative Tennessee)

●· ·Rappresentante - Serate di lavoro a domicilio (a tempo pieno) - (Rappresentante commerciale a tempo pieno presso il rappresentante del lavoro in Tennessee)

●· ·Rappresentante - Serate di lavoro "Work at Home" (a tempo pieno) - (Rappresentante commerciale a tempo pieno presso la sede di lavoro in Virginia)

STIPENDIO: $ 9,50 / ora e oltre

ALTRE INFORMAZIONI: lavoro a casa

Da quando abbiamo inventato lo shopping da casa, pensiamo che dovremmo aprire la strada anche a casa!

Al momento offriamo opportunità di lavoro a casa a St. Petersburg FL, Roanoke VA e Nashville TN. In qualità di rappresentante dell'assistenza clienti HSN, puoi godere sia della comodità di un lavoro a domicilio che dei vantaggi di lavorare per un datore di lavoro affermato e orientato alle persone.

●· ·Paga competitiva ●· ·Formazione a pagamento ●· ·Tempo a ◻✳◻◻◆◻ ●✳♌ℳ◻◻·●· ·Opportunità di incentivazione ●· ·Sconti per i dipendenti ●· ·Assicurazione medica (per le posizioni a tempo pieno)

Come supporto principale per i nostri clienti, i rappresentanti dell'assistenza clienti HSN accettano le chiamate in entrata per completare le transazioni di vendita; vendere merce; e risolvere i dubbi dei clienti. I rappresentanti ricevono una formazione completa in modo che possano trattare ogni chiamata con cura e fornire un servizio eccellente.

Se sei interessato a lavorare da casa, devi avere i seguenti requisiti tecnici:

• Windows XP (Service Pack 3), Windows Vista (Service Pack 2) o Windows 7 - Nessun computer Macintosh • Tipo di processore minimo: Intel, AMD Athlon, AMD Duron, Celeron o Pentium III o superiore con una velocità minima del processore di 1 GHZ (1000 MHz) e una RAM minima di 1 GB per Windows XP e Windows Vista e Windows 7 • Spazio libero su disco minimo di 500 MB • Monitor a colori da 17 "o più grande in grado di visualizzare una risoluzione di 1024 X 768 • Cuffie compatibili con il telefono e connesso al telefono (l'auricolare / telefono wireless non è consentito) • Internet ad alta velocità con velocità di download di almeno 1mbps e velocità di upload di 768 kbps o superiore. • Servizio telefonico standard in linea di rame da una compagnia telefonica locale o un servizio in bundle dal tuo provider internet

DOVE: USA; alcune località, controlla le inserzioni

** ******* **********

GRUPPO ICT / SYKES CANADA

http://www.ictgroup.com/usjump.aspx

https: // workathome-
sykescanada.icims.com/jobs/search?ss=1&searchLo
cation= & searchCategory = & hashed = 0

LAVORI: Servizio clienti STIPENDIO: 5 settimane
di formazione pagata, $ 11,50- $ 12,25, Vantaggi
dopo 3 mesi ESEMPIO DI DESCRIZIONE
LAVORO

SYKES sta ora assumendo i True Virtual Home
Based Agent per iniziare gli allenamenti il 3
settembre 2013 !!!!!

I rappresentanti dell'assistenza clienti domiciliare
sono stati una scelta d'impiego popolare per molte
persone che cercano di godersi una carriera
appagante da casa; tuttavia, ora è molto più
conveniente con il nostro processo completamente
virtuale. Applicare virtualmente, allenarsi
virtualmente e servire virtualmente i nostri
clienti. Tutto è fatto da casa tua!

SYKES Home Virtual Application Process

Per essere considerato e contattato per un'intervista
telefonica, è necessario completare i seguenti
passaggi:

- Completa l'applicazione on-line (allegare o copiare / incollare curriculum)

-Schermo domande di screening-Screening dei requisiti del computer

- È necessario testare con il computer che si utilizzerà per eseguire il lavoro se assunto per la posizione. (è necessario disattivare altri browser rispetto a Explorer per il test)

- Valutazione delle competenze - Offerta solo per i candidati che soddisfano i requisiti informatici (i giocatori Flash e Quick Time richiedono)

Una volta completato con successo il processo di applicazione virtuale, un membro del team di reclutamento di Sykes Home ti contatterà per un colloquio telefonico!

Solo le persone che superano tutti i requisiti di prova saranno contattati per le interviste.

È possibile verificare lo stato della propria applicazione sul sito Web di Sykes con il nome utente e la password creati sulla domanda iniziale.

Che cos'è il lavoro

Assisterai i clienti delle telecomunicazioni canadesi con le richieste di assistenza clienti. Gli orari di apertura sono dalle 8 alle 12, 7 giorni su 7 e devi essere in grado di ospitare turni vari.

Corso di formazione da 4 a 5 settimane Questa è una posizione permanente a tempo pieno. Lavorerai ca. 37,5 ore / settimana.

I nostri dipendenti apprezzano:

- $ 11,28 / ora più altri bonus

- Benefici per la salute dopo 3 mesi

- Opportunità di crescita personale e professionale

- V acation durante il primo anno

- Incentivi di prestazione

- Sconti su una vasta gamma di prodotti
  clienti. Responsabilità:

- Rispondere a richieste di informazioni e fornire
  informazioni a   clienti

- Spiegare il tipo e il costo dei servizi offerti

- Organizzare la fatturazione per i servizi

- Ricevere pagamenti

- Accedi e processa le informazioni

- Qualificazione commerciale richiesta: se hai uno spazio di lavoro tranquillo a casa, puoi lavorare in modo indipendente e divertirti ad aiutare le persone in un ruolo di servizio clienti. Vogliamo parlare con te!

- Zona di lavoro silenziosa a casa tua

- PC affidabile - È necessario testare con il computer che si utilizzerà se assunto per la posizione e deve soddisfare i requisiti. *Da Windows XP a Windows 7 solo Internet Explorer* (Windows 8 e altri browser per Internet non compatibili)

- Internet ad alta velocità - Deve essere in grado di "cablare" (non wireless)

- Telefono fisso

- Diploma di scuola superiore o GED (minimo)

- Almeno 18 anni di età o più

- Almeno 6 mesi di esperienza nel servizio clienti

- Deve essere in grado di ospitare un programma flessibile. I turni variano e includono i fine settimana.

- Buona conoscenza dei telefoni cellulari

ALTRE INFORMAZIONI: DIPENDENTE

DOVE: USA, CAN,

** ******** **********

ASSICURAZIONE BUREAU FATTORIA INDIANA

https: // infarmbureau-hr.silkroad.com/epostings/index.cfm?fuseaction=app.jobse arch

LAVORO: Agente vendite e marketing - Knox County ALTRE INFORMAZIONI:

Come nuovo rappresentante di vendita riceverai:

- Un salario base più commissione

- Un libro esistente di clienti

- Personale di supporto amministrativo e amministrativo fornito dall'azienda

- Formazione completa e supporto avanzato alle vendite

- Accesso a un programma di benefici di gruppo che include assicurazione sulla salute, la vita e l'invalidità. **DOVE:** Knox County, Vincennes, Indiana Fountain County, Veedersburg, Indiana Wayne County, Richmond, Indiana Regional, Indiana, Stati Uniti ************************ ************************************

InfoCision

https://www1.apply2jobs.com/InfoCision/HVExt/index.cfm?fu seaction = mHvexternal.showPositionDetails & PID = 39

LAVORI: Rappresentante del Call Center - Lavoro a casa

STIPENDIO: $ 8,50hr

ALTRE INFORMAZIONI: I DAZI E **LE RESPONSABILITÀ** ESSENZIALI includono quanto segue. Altre funzioni possono essere assegnate.

Contatta i clienti per telefono, per offrire o convincerli a donare ai nostri clienti. Ciò comporta la gestione delle obiezioni iniziali e il loro superamento, anche pregando con il donatore al telefono quando richiesto. Inoltre registra informazioni aggiornate o rilevanti per aiutare a sviluppare elenchi di potenziali clienti.

Frequenta la formazione sulle strategie di marketing e dei clienti e dimostra una comprensione efficace del ciclo di chiamate.

DOVE: Ohio, USA *** ******* ************* **INTELLEMARK**

http://www.intelemark.com/agentapplicationform.php

POSTI DI LAVORO: impostazione del lead generation di vendita, impostazione degli appuntamenti Business to Business (B2B) e altro.

ALTRE INFORMAZIONI : *Quali qualifiche di agente sono richieste* prima di essere assunte per effettuare chiamate per conto della mia azienda?

I nostri agenti per lo sviluppo aziendale passano attraverso un ampio processo di selezione prima di assumerli per essere rappresentanti della vostra azienda. Richiediamo ai nuovi assunti di avere almeno tre anni di esperienza precedente con vendite interne o esterne

o **impostazione appuntamento professionale** . Da lì, mettiamo nuovi assunti attraverso una serie di test psicologici approfonditi, audizioni, ecc. I nostri elevati standard e requisiti sono abbastanza rigorosi per eliminare quegli agenti che non sono abbastanza maturi o professionali per rappresentare le aziende dei nostri clienti.

*** Controlla il sito prima di candidarti per sapere cosa richiede il lavoro a te. ***

DOVE: USA

*** ******* **********

INTREPSALES

http://www.intrep.com/people.html

POSTI DI LAVORO: lead generation, impostazione degli appuntamenti, acquisizione di liste e altro.

STIPENDIO: non specificato

ALTRE INFO: **consulenti Intrep: il migliore**

Tutti i consulenti di Intrep Sales Partners soddisfano o superano i nostri elevati standard; selezioniamo a mano il meglio da ogni settore e solo quelli con una vasta esperienza **commerciale** sono invitati a unirsi a noi.

Ciò garantisce che i nostri consulenti possano conversare in modo intelligente e semplice anche con i potenziali clienti di massimo livello: CFO, CIO e CEO . Come possiamo fare questo? Poiché la maggior parte dei nostri consulenti è remota, possiamo attingere da un pool nazionale di candidati

- indipendentemente da dove si trovano. Il risultato: sei il migliore. Utilizzando un processo di screening esteso, siamo in grado di **creare** un team d'élite per i nostri clienti. Questi sono solo alcuni dei nostri requisiti:

- La possibilità di fissare appuntamenti con prospettive di qualsiasi livello

- Un ampio background di vendite e marketing

- Una comprensione **completa** del software aziendale

- Deve essere un grande successo e auto-motivato

- Deve superare la nostra personalità e le prove di
    professionalità I nostri consulenti stabiliscono
    le loro ore, generalmente non viaggiano e si
    impegnano a soddisfare le esigenze dei nostri
    clienti. Se soddisfi i requisiti sopra indicati e
    sei interessato ad unirti al nostro team di
    consulenti indipendenti, completa e
    invia: WHERE:
    US *************************
    ****

IPSOSREID / IPSOSDIRECT

http: //www.ipsos-
na.com/careers/index.cfm?fuseaction=viewjob&id=
3308&c ountry = 1 - Cincinnati, OH, US

http: //www.ipsos-
na.com/careers/index.cfm?fuseaction=viewjob&id=
4307&c ountry = 1 - Vancouver, BC, Canada

JOBS: @ Home intervistatori, mentre lavorano da
un ufficio locale @Home Gli intervistatori sono

responsabili di condurre sondaggi telefonici utilizzando una rete fissa e un programma di computer on-line con persone in tutto il Canada e gli Stati Uniti.

STIPENDIO: Offriamo un pacchetto completo di benefit, supporto dedicato e continuo, incentivi per le prestazioni e l'opportunità di lavorare da casa. **$ 8 ore durante l'allenamento; $ 8,75 ora e oltre dopo negli Stati Uniti.**

$ 10.25hr durante l'allenamento fino a $ 13hr in Canada.

ALTRE INFORMAZIONI: devi essere in grado di lavorare per un minimo di 15 ore a settimana, incluso un turno di venerdì, sabato o domenica ogni due settimane.

DOVE: USA: OH e KY, CANADA, BC

*** ******** *********

JET BLUE

http://www.jetblue.com/work-here/job-descriptions.aspx

LAVORI: prenotazioni SALARIO: non specificato

ALTRE INFORMAZIONI: I membri dell'equipaggio di prenotazioni forniscono un servizio clienti eccezionale ai clienti che chiamano 1-800- JETBLUE. Sono amichevoli, competenti, articolati, risolutori di problemi, in grado di gestire una vasta gamma di situazioni e personalità. Dopo la formazione iniziale, ai Reservationist è consentito lavorare da casa .

Al momento non ci sono posizioni, ma ricontrolla spesso per vedere quando questo lavoro sarà disponibile.

DOVE: USA, VERIFICA APERTURE DI LAVORO

****
******** **********

J. LODGE

http://www.jlodge.com/careers/

LAVORO: STIPENDIO ANALISTA QUALITÀ: Non specificato

ALTRE INFORMAZIONI: Se stai lavorando con un consulente per la riabilitazione professionale:

Per il nostro **lavoro da** posizioni di **analisti di qualità a casa** , assumiamo principalmente attraverso i consulenti di riabilitazione professionale (VRC). L'applicazione online per queste posizioni è un link privato, disponibile solo tramite il tuo VRC.

Se desideri candidarti per uno dei nostri lavori da posizioni di analista di qualità a casa, ti preghiamo di informare il tuo consulente di realtà virtuale. Se al momento non si sta lavorando con un VRC, rivolgersi alla propria agenzia statale per individuare un centro di riabilitazione professionale nella propria zona.

DOVE: J.Lodge ha iniziato a testare la struttura virtuale a domicilio per circa un anno nella sua fondazione e oggi impiega con orgoglio oltre 120 persone con disabilità in oltre 30 stati. Questo modello unico di dipendenti consente a J.Lodge di accedere a incredibili talenti in tutti gli Stati Uniti, offrendo ai clienti il più alto livello di servizio. La capacità di eliminare le tradizionali barriere all'entrata che le persone con disabilità affrontano ha fornito innumerevoli posti di lavoro a individui incredibilmente meritevoli.

SERVIZI DELLA KELLY

http://www.kellyworkathome.com/eprise/main/cms/
conten t / us / customers / kellyathome / it / pages /
welcome.html

Ho inserito la maggior parte delle descrizioni del
lavoro da casa in basso, con un altro link per
cercarle. Ho fatto questo come nel resto del libro in
alcune aree per farti risparmiare tempo andando
avanti e indietro alla ricerca dei lavori, quindi è fatto
per te.

LAVORI:

Lavori disponibili; ●· ·Game Advisor -
correntemente tedesco - $ 10.00 - $ 12.00

USD per ora ●· ·Consulente del supporto tecnico -
Lavora da casa ●· ·Lavora come consulente per i
giochi a casa - Ottima conoscenza del francese -

$ 10,00 USD all'ora ●· ·Consulenti del gioco di
lavoro in casa - $ 10,00 USD per

ora ●·   ·**Rappresentante di vendita** - Lavora a Benton o Little Rock

con la possibilità di lavorare da casa. $ 8,00 - $ 18,00 USD

all'ora.

Consulenti del gioco di lavoro in casa - Descrizione del lavoro

Sei un appassionato giocatore che amerebbe l'opportunità di lavorare da casa mentre assiste gli altri giocatori con i loro problemi? Se è così, Kelly IT Resources vuole parlarti di alcune fantastiche opportunità che stiamo attualmente lavorando!

Collaboriamo con uno dei principali datori di lavoro del paese per questo nuovo entusiasmante programma. Siamo alla ricerca di giocatori che amano correre su una pista veloce, impegnarsi in combattimento, risolvere diversi puzzle, il tutto in un mondo virtuale.

Pagare per queste posizioni è $ 10 all'ora.

Quello che stiamo cercando è: ●·   ☺ℳ·persone che sono appassionate di fornire il massimo livello servizio ed esperienza ●· ·Qualcuno con un ottimo servizio clienti sia scritto che

verbale

- Qualcuno che vuole davvero aiutare un cliente a risolvere il problema al primo contatto

- Persone che possono comunicare con i clienti di tutti i livelli di abilità di gioco

- Qualcuno che possa e costruirà relazioni positive con i clienti e gli altri membri del team

- Persone che possono raggiungere e mantenere standard di qualità esemplari

- Qualcuno che non dirà mai "Questo non è il mio lavoro" Le competenze necessarie includono:

- Una vera passione per aiutare i clienti

- Disciplina e indipendenza per lavorare in remoto da casa

- Esperienza nella risoluzione dei problemi di gioco su PC, Mac, Xbox e Playstation

- Un minimo di 2 anni di servizio clienti è fortemente preferito

- Disponibilità a frequentare circa una o tre settimane di formazione online richiesta

- De-escalation / esperienza di conservazione è un vantaggio enorme

- Una capacità di essere flessibile così come la capacità di adattarsi a   modificare

- Comprensione del social networking e nuovi modi di comunicare come Facebook, Twitter, YouTube, Instagram, ecc.

- La capacità di gestire più progetti contemporaneamente; compresi lavori offline o di progetti speciali. **SERVIZI DELLA KELLY**

●·   ·Possibilità di impostare i turni impostati secondo necessità Come dovrebbe essere il tuo ufficio di casa:

●·   ·Uno spazio di lavoro privato in cui il rumore ambientale può essere ridotto al minimo durante l'orario di lavoro

●·   ·Una scrivania e una sedia ergonomica che consentono un'installazione corretta delle attrezzature che verranno fornite all'utente

●·   ·Possedere Xbox o Play Station 3 (o entrambi) ●·   ·Deve avere o essere disposto a ottenere un account Live ●· ·Sistema minimo di riunione del servizio Internet

requisiti (2 Mbps o superiore) da un affidabile

provider ●· ·Una linea telefonica analogica, da un fornitore affidabile, che può

essere dedicato alle chiamate del centro di contatto

Oltre a lavorare con il nome più conosciuto e affidabile del mondo nel personale, i dipendenti di Kelly possono aspettarsi:

●· ·Paga competitiva ●· ·Accesso a un pacchetto completo di benefici per i dipendenti

tra cui salute, prescrizione, visione, odontoiatria e vita e

Assicurazione per invalidità a breve termine ●· ·Bonus di servizio e indennità per ferie ●· ·Piani portatili 401 (k) ●· ·Accesso all'istruzione continua tramite Kelly Learning

Centro

Per una valutazione immediata, fare clic sul pulsante "Applica ora" o consultare un amico facendo clic sul collegamento "Invia e-mail questo lavoro" fornito. Posizione; Austin, TX

SERVIZI DELLA KELLY

Consulente del supporto tecnico - Lavoro da casa - Descrizione del lavoro

Hai già aggiustato i lettori MP3 e MP3 dei tuoi amici, perché non ti vengono pagati?

Prendi il controllo della tua carriera facendo qualcosa che già ami. **Kelly Services®** sta assumendo il supporto tecnico

Consulenti, il lavoro perfetto per i giocatori, per **lavorare a casa** per uno dei marchi tecnologici più iconici del mondo. In qualità di consulente tecnico di Kelly, non fornirai solo risposte ai clienti; fornirai la tua esperienza unica, tutto dalla comodità della tua sedia da gioco preferita.

I nostri consulenti del supporto tecnico lavorano in modo indipendente in un ambiente virtuale collaborativo che offre sia la stabilità che la compensazione dei bonus.

Sappiamo che i giocatori hanno la competenza e la spinta per eccellere in un ambiente online basato sulle prestazioni e stiamo cercando di promuovere i nostri consulenti del supporto tecnico nella misura in cui le loro competenze possano portarli.

Se sei un appassionato e esperto di tecnologia, ci piacerebbe darti la possibilità di condividere la tua esperienza. *Elite* o meno, la nostra formazione virtuale a pagamento copre tutto ciò che devi sapere. Forniremo inoltre tutti gli strumenti di cui avrai bisogno, comprese le attrezzature di proprietà di Kelly, per aiutarti a fornire la migliore esperienza di assistenza al cliente possibile.

Quindi se ami la tecnologia, ma odi i cubicoli e gli spostamenti, approfitta di questa opportunità per iniziare il tuo lavoro da casa a supporto di una delle aziende più innovative e ammirate al mondo.

Il lavoro dovrebbe essere qualcosa che *facciamo* , non da qualche parte ci *g* o. Quindi risparmia i tuoi soldi per il gas e persegui la tua passione con Kelly Services.

Per questo lavoro devi avere:

Abilità: - Diploma di scuola superiore o GED. - Parte delle funzioni essenziali del lavoro consiste nel far funzionare le seguenti apparecchiature, telefono, computer, smartphone, lettore MP3 e navigare attraverso un computer e un browser web. - Forti competenze di vendita al fine di vendere il piano di protezione dei clienti. - Forti capacità di servizio al cliente e un'attitudine appassionata per la tecnologia.

A Home Office: - Un ambiente domestico che è silenzioso e privo di distrazioni. - O cavo a banda larga o ISDN servizio Internet ad alta velocità o essere disposti a installare il servizio. - Un tradizionale servizio telefonico per voce utilizzando una rete di commutatori pubblici, comunemente indicata come un servizio telefonico normale (linea POTS) o un servizio telefonico VoIP o essere disposti a installarne uno.

SERVIZI DELLA KELLY

Una disponibilità: -Le ore di funzionamento sono dalle 7:00 alle 12:30 EST dal lunedì al venerdì e dalle 8:30 alle 23:30 EST il sabato e la domenica.

- Questa è una posizione part time di almeno 24 ore settimanali. - I turni possono oscillare tra le 15:00 e le 23:30 EST, comprese le ore di fine settimana richieste. - I dipendenti saranno tenuti a flettere fino a ore a tempo pieno, 36-40 ore settimanali, su richiesta del nostro cliente per un massimo di 4 settimane alla volta. Questi periodi di flessione sono circa 3 volte all'anno e normalmente si verificano in tarda primavera-inizio estate, autunno e durante le festività natalizie.

-Apre disponibilità a lavorare su tutte le festività incluso il giorno di Natale, il Giorno del ringraziamento e il 4 luglio. -Apre disponibilità a partecipare a 4 settimane di formazione virtuale dalle 15:00 alle 21:30 EST dal lunedì al venerdì. sedi; Rosemont, IL, St. Petersburg, FL

Analista tecnico - cartelle cliniche elettroniche

Kelly Services ha un'apertura immediata per un analista tecnico - Electronic Health Records per lavorare a distanza per un cliente molto stimato. **La posizione è una posizione remota con il candidato potenziale situato in NJ, NC o GA.**

In qualità di analista tecnico di Electronic Health Records (HER), sarai un membro chiave del team di servizi di supporto con la responsabilità di fornire competenze tecniche relative a funzionalità e configurazione per i clienti che utilizzano il software EHR progettato per la comunità medica dell'HIV.

SERVIZI DELLA KELLY

In questo ruolo, ti concentrerai sulla configurazione dell'applicazione per i nuovi siti e fornirai supporto tecnico, funzionale e didattico agli utenti finali. L'obiettivo è implementare una configurazione del sito che soddisfi i requisiti del flusso di lavoro. Inoltre, potrete gestire l'implementazione di laboratorio, PM, e le interfacce EHR coordinando l'interazione tra il 3 fornitore indipendente e la squadra di interfaccia interna. Molti siti richiedono la mappatura e la migrazione dei dati. Utilizzando uno strumento personalizzato di migrazione dei dati, è possibile creare ed eseguire la mappatura per i set di dati dei clienti.

In qualità di contributore individuale in questo ruolo, le chiavi del tuo successo includono la visualizzazione di un orientamento al servizio clienti superiore in ogni interazione con gli utenti finali, solide capacità analitiche e di problem solving risultanti in prima risoluzione e ottime capacità organizzative con la capacità di gestire più attività e priorità durante i periodi di picco del volume.

responsabilità:

Visualizza un forte orientamento al servizio clienti in tutte le comunicazioni con i clienti; usare una comunicazione professionale, cortese e discreta e capacità di problem solving guidando la soddisfazione del cliente post-inchiesta.

Visualizza solide capacità analitiche / statistiche per guidare ogni fase del processo di risoluzione dei problemi.

Utilizza tecniche di gestione del tempo e competenze transitorie per garantire un'elevata produttività, raggiungendo l'obiettivo assegnato per il costante progresso del progetto.

SERVIZI DELLA KELLY

Utilizza i sistemi applicabili per inserire e tracciare i problemi in arrivo alla risoluzione. Garantisce l'integrità dei dati dei sistemi in linea con gli standard dipartimentali.

Funziona come un membro del team altamente performante, utilizzando la comunicazione aperta, la professionalità e l'accettazione della responsabilità individuale per guidare la fiducia tra i membri del team.

Titoli di studio:

- Laurea BA / BS o Formazione post-secondaria / Certificazione in Informatica, Sistemi informativi o Sanità

- 3 - 5 anni di esperienza nel servizio clienti / supporto tecnico

- Esperienza di sistemi di informazione medica / esperienza di EHR / EMR

- Esperienza nel codice medico desiderato (codici Snomed, CPT-4, ICD-9/10, fdb e loinc)

- Orientamento al servizio clienti superiore

- Conoscenza dell'hardware della workstation e della configurazione di rete (SSID, Autenticazione di rete, indirizzo MAC) e risoluzione dei problemi.

- Forti capacità analitiche e di problem solving e attenzione all'accuratezza dei report

- Capacità interpersonali efficaci (scritte e orali) e capacità di comunicare efficacemente con una varietà di personale   livelli.

- Conoscenza della lingua inglese

- Esperienza nel database (server Microsoft SQL 2008-R2) **KELLY SERVICES**

- Ottime capacità organizzative e capacità di gestire più progetti e attività / priorità concorrenziali

- Orientato ai dettagli

- In grado di lavorare in modo indipendente

- Capacità di lavorare da casa

- Fino al 20% di viaggio

- Esperienza con lo strumento di reporting aziendale un plus

- Esperienza con la programmazione / scripting di un **tester di QA di livello medio** più **- $ 22,00 - $ 42,00 USD all'ora** Questo ruolo è un contratto di 12 mesi Due sedi di uffici; Minneapolis in Saint Cloud. **Questo ruolo consente all'80% di lavorare da casa.** Il tecnico di prova del software farà parte del team di test del sistema software. La missione principale di questo team è verificare e convalidare il software dello strumento in quanto fornisce la piena funzionalità su apparecchiature di produzione complesse e identificare e segnalare correttamente i difetti all'interno di un sistema proprietario. Il team utilizza una combinazione di procedure di test manuali su strumenti e apparecchiature di test del simulatore per eseguire le fasi di test funzionali appropriate sia per i sistemi di produzione che per quelli in campo. Responsabilità primarie del team di test di produzione:

●· ·Esegui le procedure Unit e System Testing su tool e

simulatori. ●· ·Impostare e configurare i simulatori per software e sistema

test; in particolare gestendo diverse configurazioni per la massima copertura di nuove funzionalità e correzioni di bug. **SERVIZI DELLA KELLY**

* Identificare le correzioni necessarie per le procedure di test e facilitare le modifiche con i proprietari dei problemi.

* Identifica le inefficienze dei test e collabora con il management per semplificare il processo di test.

* Identificare e implementare i metodi di automazione per velocizzare l'esecuzione del test.

- Interfaccia con altri reparti per mantenere standard e metodi di qualità coerenti tra sviluppo e produzione. Requisiti: 3+ anni di exp. con test manuali e automatizzati I candidati interessati dovrebbero inviare il proprio curriculum a Patrick.lemmon@kellyit.com Qualità, assicurazione, QA, QTP, HP, HP Canter di qualità, Bugzilla, Assicurazione della qualità, QA, test, validazione, software, lavoro da casa, WFH, a casa, **Minneapolis, Saint Cloud, St.Cloud, Minnesota, Redattore di valutazione degli studi sociali** - A partire da $ 32,00 USD all'ora Descrizione del lavoro Kelly Services per conto di CTB McGraw Hill ha un'apertura immediata per un redattore di valutazione degli studi sociali. Questo sarà un incarico di sei mesi. L'Assessment Editor progetta, specifica, crea e perfeziona il contenuto per garantire che sia conforme alle specifiche e agli standard di qualità. **SERVIZI DELLA KELLY**

-

Questa posizione può essere un lavoro remoto da casa per i residenti dello stato della California. Tuttavia preferirebbero che qualcuno lavorasse sul posto nella loro località di Monterey.

In particolare l'Assessment Editor:

-Sviluppare le specifiche degli articoli e partecipare a tutte le fasi di sviluppo degli oggetti, selezione degli articoli e / o test di costruzione secondo il processo di pubblicazione stabilito -Assistere l'Editor di valutazione senior nella creazione delle specifiche di test

-Interagire con gli altri reparti nel fornire supporto ai clienti (interno ed esterno) e partecipare alle riunioni dei clienti secondo necessità -Possono servire come Lead di sviluppo dei contenuti per un programma con un ambito limitato

Requisiti; Esperienza di insegnamento precedente come insegnante di studi sociali nelle scuole medie o superiori Conoscenza del lavoro e applicazione degli standard di base dei curricula comuni Esperienza nello sviluppo di test e domande di prova Competente in Microsoft Word, Excel e Adobe Essere in grado di lavorare indipendentemente e all'interno di una squadra Laurea triennale in un dominio di studi sociali

Cerca con parole chiave; lavorare a casa e lavorare da casa

Cerca Lavori e applica qui;

https://kelly.secure.force.com/CandidateExperience/
CandE xpJobSearch? keywords = work + at + home
& country = US & o = jobs.timedate + DESC & qty
= 25 & jobCategoryList =

STIPENDIO: sei considerato un dipendente e puoi lavorare a tempo pieno o part-time. Lo stipendio dipende dal lavoro.

ALTRE INFORMAZIONI: **Benefici per i dipendenti**

Quando lavori per Kelly, lavori per un'azienda stabile e stimabile che offre opportunità a tempo pieno e part-time. Gli agenti del centro di contatto di Kelly che **lavorano a casa** hanno diritto agli stessi vantaggi dei dipendenti che lavorano presso le sedi dei clienti, tra cui:

- Paghiamo elettronicamente

- Assicurazione sulla vita medica, di prescrizione e di gruppo

- Vacanza, ferie e malattia

- Formazione retribuita specifica per lavoro

- Bonus di presentazione

- Complimenti !, il nostro programma di ricompensa per i dipendenti

- Sconti per i dipendenti (incluso l'hardware del computer)

- Accesso a un dipendente Kelly online esclusivo   Comunità

- Accesso al Kelly Learning Center, un campus di formazione online con una varietà di corsi gratuiti ea basso costo per migliorare o sviluppare competenze personali e professionali

- E altro ancora! L'idoneità al beneficio può dipendere dalle ore lavorate e altre   requisiti. **Requisiti del lavoro a casa Di** seguito sono riportate le competenze personali e i requisiti ambientali per i dipendenti di Kelly a domicilio: **KELLY SERVICES**

Abilità personali

- In genere è richiesta una certa esperienza del servizio clienti

- Esperienza PC e Windows®

- Eccellenti abilità di comunicazione scritta e orale

- Motivazione, disciplina e determinazione

- Capacità di creare un'esperienza di servizio clienti eccezionale per i chiamanti

- Diploma di scuola superiore o **requisiti ambientali** GED

- Uno spazio di lavoro dedicato e una postazione di lavoro (una stanza libera libera da distrazioni domestiche preferite)

- Connessione Internet ad alta velocità affidabile

- Linea telefonica telefonica dedicata I dipendenti di Kelly possono usufruire di un'ampia gamma di sconti per i dipendenti che possono essere utili per ottenere attrezzature che soddisfino i requisiti ambientali necessari. **Processo di assunzione Il** nostro **lavoro di** assunzione **a casa** processo è semplice e conveniente! La maggior parte delle fasi sono automatizzate e possono essere completate nel comfort della propria casa. **1.** Completa le nostre domande di prequalifica online. La prequalifica online è un breve questionario che pone domande di base per assicurarti di avere le capacità critiche e adeguato ambiente di lavoro necessario per lavorare a casa.

2. Partecipare a un'intervista telefonica con un reclutatore Kelly . Un reclutatore Kelly valuterà le tue qualifiche per assicurarti di possedere i requisiti minimi e assicurarti di essere inserito in un incarico che meglio si adatta alle tue capacità, abilità e desideri.

3. Completa i test online. I nostri test online valuteranno le tue capacità tecniche di contact center per aiutare a determinare i tipi di posizioni per le quali sei più adatto.

4. Completa online all'imbarco. Dalla comodità della propria casa, accederai alla nostra innovativa applicazione di bordo e fornirai tutte le informazioni necessarie per il noleggio.

5. Visita la tua filiale Kelly locale per completare la necessaria documentazione I-9 . È necessario completare i documenti I-9 in presenza di un membro dello staff Kelly.

6. Il team di Kelly Services lavorerà con te per identificare le posizioni che corrispondono alle tue qualifiche e fornire supporto e guida mentre lavori.

Questo è tutto!

SERVIZI DELLA KELLY

****

KGB

SERVIZIO CLIENTI REP. / AGENTE DI⁻
SUPPORTO CLIENTI / REP. WIRELESS CARE.

https://kgbcareers.itciss.com/OA_HTML/OA.jsp?_r
c=IRC_ VIS_ADV_JOB_SEARCH_PAGE & _ri =
800 & OASF = IRC_V IS_JOB_SEARCH_PAGE
& SeededSearchFlag = Y & DaysSin cePosting = 7
& _ti = 1878612073 & oapc = 10 & oas =
4EVVWtIZXz tmqAKBBYYg ..

http://542542.com/agent - Agenti speciali del
KGB, per dare informazioni su Opportunità di
lavoro presso casa, nelle Filippine al momento.

- Piani medici, dentali e di visione

- Paid Time Off

- 401K

- Assicurazione sulla vita pagata dall'azienda

- Indennità per ferie

- Comodo Split Shift

- 10.00 / ora e piano bonus basato sulle prestazioni

- $ 150,00 Sussidio del gas durante l'allenamento

- Gli agenti di lavoro a domicilio ricevono chiamate in
  entrata per fornire servizi (clienti, supporto) per
  TV in fibra ottica, servizi Internet e
  telefonici. DOVE: LUBBOCK, TX, USA -
  SAN ANTONIO, TX, USA -
  MCLEANSVILLE, NC,
  USA *********************************
  ****

LASCIAMI ANDARE

http://letmego.com/pages/CustomerService

POSTI DI LAVORO: Rappresentanti del servizio clienti Web 2.0 / Assistenti di viaggio (Ovunque nel mondo)

STIPENDIO: $ 1.733 al mese + bonus, appaltatore indipendente

ALTRE INFORMAZIONI: Una start-up di Internet che fornisce un mercato, in cui gli alloggi competono per il business dei viaggiatori, è alla ricerca di fanatici del servizio clienti per unirsi al nostro team di Assistenza Viaggi.

In qualità di assistente di viaggio, fornirai un aiuto esperto agli alloggi e ai viaggiatori che utilizzano il nostro sistema Web 2.0 e lavoreranno per assicurarti la loro soddisfazione.

Lavorerai la tua magia per i nostri partner di alloggio e per i clienti dei viaggiatori principalmente via email, integrata con chat e telefonate online.

Cerchiamo persone intelligenti e dedicate in grado di gestire ogni situazione attraverso le loro competenze e risorse. I nostri assistenti di viaggio non leggono le sceneggiature.

Invece, dovrai affrontare le esigenze di ogni cliente con professionalità, intuizione e capacità di pensare in piedi (stile Zappos).

Puoi eseguire questo lavoro ovunque nel mondo finché disponi di una connessione Internet stabile e ad alta velocità.

****
******* **********

OPS LIVE

http://www.join.liveops.com/being-an-agent/types-
of- agents.php

POSTI DI LAVORO: Servizio clienti,
Assicurazione con licenza, Assistenza stradale,
Generale / Vendite, Bilingue - Spagnolo

STIPENDIO: "0,25 $ / min di tempo di
conversazione più incentivi alle vendite di $ 1-
20" Può variare a seconda del ruolo.

ALTRE INFORMAZIONI: Descrizioni del lavoro;

Agente di assicurazione autorizzato

Ecco una grande opportunità Sei un agente
assicurativo con licenze per vendere prodotti Life e
Health? Stai cercando di espandere la tua attività? Ti
piacerebbe avere dei lead consegnati a costo zero?
Live Ops sta cercando **agenti di assicurazione sulla
vita e sulla salute** che vorrebbero la libertà
di **lavorare da casa** vendendo prodotti di
assicurazione sulla vita per telefono. Come agente
indipendente, avrai l'opportunità di guadagnare
commissioni in base alle conversioni di vendita. Se
sei un professionista delle vendite motivato, questa è

una grande opportunità per te! Potenziale
di guadagno : gli agenti assicurativi con licenza
indipendente fatturano in genere $ 13-15 all'ora,
mentre i top performer generano un intervallo di $
22 - $ 30 all'ora senza limiti o limiti di
capitalizzazione.

Flessibilità: in qualità di agente assicurativo
indipendente con Live Ops non sei un agente in
cattività; Puoi mantenere la tua libertà e
indipendenza per lavorare per altre compagnie
assicurative mentre lavori dalla comodità della tua
casa e su un programma che funziona meglio per
te.

Leads: goditi il successo derivante dall'essere
fornito di assicurazioni sulla vita e sulla salute in
tempo reale, pre-qualificate e in entrata, per la tua
attività a casa. Questa è davvero un'opportunità di
vendita. In qualità di agente assicurativo
indipendente Live Ops, molte delle chiamate in
entrata che riceverete provengono da potenziali
clienti che chiamano per registrarsi a varie offerte di
lotterie. Il tuo compito è quello di convertire quelle
chiamate in iscrizioni per AD & D, termine vita o
altri prodotti. È così semplice!

Nessun chargeback: in qualità di agente assicurativo indipendente Live Ops, sei ricompensato per l'iscrizione dei tuoi chiamanti in un ottimo prodotto e la tua commissione viene pagata in base all'iscrizione iniziale. Gli agenti Live Ops non devono affrontare responsabilità inaspettate di chargeback o back office.

Avrai modo di fare ciò che sai fare meglio: vendere assicurazioni!

A Live Ops, i nostri agenti assicurativi indipendenti altamente qualificati guadagnano commissioni maggiori per il completamento delle vendite e godono di essere pagati per i risultati! Iscriviti ora. È così semplice!

OPS LIVE

Live Ops è desideroso di qualificare agenti di assicurazione con licenza motivati, articolati e di bell'aspetto che vogliano sviluppare o far crescere una casa d'affari. Vieni oggi a far parte della squadra di agenti di assicurazione domiciliare indipendente di Live Ops!

Primo avviso di perdita

Lo scopo del nostro First Notice of Loss (FNOL) è di aiutare le persone a realizzare le loro speranze e i loro sogni attraverso prodotti e servizi progettati per proteggerli dalle incertezze della vita e prepararli per il futuro. Quando accade l'imprevisto, il nostro cliente è lì per ripristinare la vita dei propri clienti. Offrire un servizio compassionevole rapido, equo e facile. I chiamanti First Notice of Loss sono persone come te, i tuoi amici e la tua famiglia che chiamano per segnalare un reclamo o una perdita.

Live Ops è alla ricerca di agenti indipendenti desiderosi di fare la differenza ogni giorno fornendo un servizio di prima linea a coloro che sono stati coinvolti in un incidente, un incendio o una tempesta devastante.

Se ti diverti ad aiutare gli altri, a diventare il tuo capo, a lavorare nelle ore che desideri, da dove vuoi, allora l'opportunità di First Notes of Loss di Live Ops potrebbe essere quella giusta per te!

Attualmente le chiamate FNOL arrivano dalle 9:10 alle 17:40 EST, dal lunedì al venerdì e dalle 9:10 alle 5:40 di sabato. Tuttavia, quando il disastro si abbatte come con l'uragano Sandy, il Cliente può contattare la comunità di agenti indipendenti di Live

Ops e chiedere assistenza per prendere un maggior numero di chiamate e / o prolungare l'orario di chiamata per soddisfare l'aumento del volume delle chiamate in un momento diverso dovuto al disastro naturale. Questi disastri naturali possono includere, ma non sono limitati a, grandinate, uragani, tornado, inondazioni e altri eventi che hanno un impatto su un gran numero di persone.

Il cliente è alla ricerca di contraenti indipendenti con le seguenti competenze:

- Forti abilità di compassione

- Passione per aiutare le persone

- Desiderio di fare la differenza

- Offri un'esperienza cliente eccezionale

- Capacità di multitasking

- Esperto di computer

- Comprensione dei tipi di copertura assicurativa auto e loro applicazioni

- Impegno a fornire una risoluzione di chiamata

- Diploma di scuola superiore o equivalente **Inoltre, il cliente richiede agenti indipendenti per:**

- Impegnarsi a prendere almeno 60 chiamate nei primi 90 giorni successivi alla certificazione e, successivamente, a 15 chiamate al mese.

- Completa la certificazione Live Ops Call Center.

- Completa la certificazione del programma mandato dal cliente, che include circa 20 ore di eLearning e sessioni di lezioni virtuali e aderisci al programma di certificazione **LIVE OPS**

Servizio di emergenza stradale

I guasti sono costosi, scomodi e possono accadere ovunque e in qualsiasi momento. Un cliente non può sempre vedere il valore di avere una copertura di emergenza fino a quando non ottiene una gomma a terra, bloccare le chiavi nella propria auto o aver bisogno di un rimorchio. **Uno dei tanti tipi di chiamate disponibili per avviare o espandere la propria attività domiciliare è Roadside Assistance con diversi tipi di chiamate all'interno di questo segmento aziendale: Vendite in entrata / uscita, Servizio clienti e Spedizione.** Live Ops ora è entusiasta di offrire l'opportunità di far parte del team di specialisti dell'assistenza stradale. Questa è un'opportunità esclusiva. Live Ops offre agli agenti indipendenti la possibilità di far crescere un'attività domestica mentre lavora comodamente da casa o dall'ufficio.

Se ti diverti ad aiutare gli altri, a diventare il tuo capo, a lavorare nelle ore che desideri, dove vuoi, allora l'opportunità di Live Ops Roadside Assistance potrebbe essere quella giusta per te!

Agente bilingue

Opportunità bilingue Live Ops è sempre alla ricerca di offrire agli agenti indipendenti bilingue l'opportunità di interagire con un'ampia varietà di chiamanti in tutto il Nord America. I nostri clienti servono clienti negli Stati Uniti, in Messico e in Canada; puoi aiutarli a stabilire una connessione?

OPS LIVE

Usted habla español?

Non ci sono problemi con casa: le persone interesadas le llamarán a usted y le preguntarán sobre los productos que elos miraron en folletos, anuncios de televisión y concursos. Per la comodità di casa!

Ven una parte di una comunità nazionale di più di 20.000 agenti indipendenti, e relazioni con clienti di hapla hispana e parti di Latino America, Messico e Stati Uniti Unidos.

Parlez-vous Français?

Il più facile da vivere a domicilio: i clienti si appellano e rispondono a spot publicitari che passano alla televisione francofoni, a portatori di pubblicità, a concorsi. Pouvez-vous leur offrir plus d'information et sceller la vente? **ESSERE UN AGENTE**

In qualità di agente indipendente di Live Ops, puoi beneficiare di un'opportunità altamente flessibile e gratificante. Live Ops gestisce un call center virtuale con una community di oltre 20.000 professionisti delle vendite e del servizio clienti. In qualità di appaltatore indipendente che fornisce servizi ai clienti di Live Ops, sei il capo di te stesso!

OPS LIVE

Essere il tuo capo significa avere la libertà e la flessibilità per impostare il tuo programma e lavorare secondo le tue stesse condizioni. Scegli dove lavorare, quando lavorare e quali chiamate e clienti desideri offrire. Per alcune persone, essere il proprio capo significa avere una società o LLC.

Contratti di Live Ops con entità e individui - quindi, sia che tu sia un'azienda consolidata o che tu sia appena iniziato come singolo appaltatore, Live Ops è il posto giusto per te!

5 consigli per il successo nel tuo business indipendente basato casa

●· ·Diventa coinvolto nella comunità di agenti indipendenti

●· ·Utilizzare le vaste risorse fornite attraverso la comunità degli agenti

●· ·Assumi il controllo - sono affari tuoi ●· ·Educati ●· ·Non arrenderti - devi costruire il tuo business

Usa saggiamente questo sito, troverai tutte le informazioni necessarie per iniziare, in particolare leggi la sezione delle domande frequenti.

OPS LIVE

DOVE: USA, 48 STATI

****
******* **********

MARKETLINK

http://www.marketlinkinc.com/en/work_for_us/

https://www.smartrecruiters.com/Marketlink/731368 44- virtual-outbound-call-center-rep-hiring-in-the-u-s- 042213

LAVORI: VIRTUAL OUTBOUND CALL CENTER REP.

SALARIO: $ 8 - $ 8,50 più commissioni

ALTRE INFORMAZIONI: Descrizione del lavoro

Conduce le chiamate telefoniche in uscita ai consumatori promuovendo i servizi relativi al marketing e vendendo prodotti per raggiungere gli obiettivi dei clienti in un modo diretto dal supervisore in un ambiente di ufficio a casa.

DOVE: in tutti gli Stati Uniti

*** ******* **********

RICERCA MARITZ

http://www.maritzresearch.com/about/careers-survey- center-opportunities.aspx

LAVORO: Servizio clienti / Intervistatori
/ SALARI Mystery Shoppers : $ 7,25 - $ 8,00 /
ora **ALTRE INFO: Ora Assunzioni**
!! Intervistatori del Centro di indagine part-time

Cerchiamo collaboratori professionali, leali e auto motivati per condurre sondaggi sulla soddisfazione dei clienti. Queste posizioni part-time offrono un impiego di qualità, orari flessibili e un'opportunità per conoscere la ricerca di mercato. Questa posizione conduce indagini di mercato / indagini sulla soddisfazione del cliente. Assolutamente nessuna vendita o sollecitazione coinvolti. Requisiti di lavoro di base:

●· ·Personalità amichevole ●· ·Competente nell'uso generale del computer ●·Capacità di leggere testualmente e seguire le istruzioni

Iscriviti oggi! Completare e inviare l'applicazione al contatto appropriato elencato di seguito.

Virtual Call Center - Lavora da casa

●· ✋·requisiti includono: una buona infrastruttura per includere una rete fissa, un computer e un buon provider internet e un ambiente di lavoro tranquillo

●· ·Invia l'applicazione a: **virtual@Maritz.com** ●· ·Fai clic qui per l'applicazione virtuale

Kirksville, MO

●· ✋·requisiti includono: Disponibilità a lavorare 20 o fino a 37.50 ore settimanali

° ND

●· ·1 e 2 spostano opportunità ●· ·Invia domanda / curriculum a: Chuck.McBee@maritz.com

MARITZ

●· ·Fai clic qui per Kirksville, MO Application **Maumee, OH**

●· ✋·requisiti includono: Capacità di lavorare un minimo di 20 ore settimanali

○

●· ·2 turno opportunità ●· ·Invia domanda / **curriculum** a: **ARGHR@maritz.com** ●· ·Fai clic qui per l'applicazione Maumee, OH

Central London, Regno Unito

●· ·Disponiamo di un mix di sessioni di lavoro (dalle 8:00 alle 16:30) e sessioni di consumatori (12.30 - 20.30) disponibili

●· ✋·requisiti includono: Disponibile a lavorare un minimo di tre sessioni a settimana quando il lavoro è disponibile ●· ·Cerchiamo di reclutare intervistatori fluenti, a livello nativo, nelle seguenti lingue:

francese   spagnolo   italiano   Svedese norvegese hindi coreano danese inglese

Olandese, portoghese, fiammingo, ebraico, afrikaans, finlandese, arabo, gallese

Per favore contatta il nostro team di reclutamento allo **01494 590700** o manda il tuo CV con una lettera di **presentazione** per **chiamare.centres@maritzresearch.co.uk**

Diventa un Mystery Shopper con **Maritz**

https://www.maritzmysteryshopping.com/profile/Default.a spx

Per diventare un Mystery Shopper con Maritz Research, devi prima inviare un profilo Shopper.

La pagina web del profilo dell'acquirente è protetta per proteggere tutte le informazioni fornite dall'utente e tali informazioni saranno mantenute riservate. Tutti i misteriosi acquirenti di Maritz Research sono appaltatori indipendenti.

Quando si completa il profilo del cliente, è inoltre necessario fornire alcune informazioni personali su di te. Ti verrà richiesto di fornire il tuo SSN per dimostrare la tua individualità. Poiché molti clienti richiedono dati demografici specifici per abbinare la loro base di clienti, il profilo dell'acquirente include alcune domande di base su di te.

Tutti gli acquirenti qualificati riceveranno considerazione senza riguardo per razza, colore, età, religione, sesso, nazionalità, disabilità o cittadinanza.

Dopo che il profilo del tuo shopper è stato accettato, riceverai un'email con le informazioni di accesso per il nostro sito web. Questa email ti fornirà le istruzioni su come procedere. Per poter eseguire mystery shop, è necessario fornire informazioni per il proprio contratto di appaltatore indipendente e moduli W-9 e firmare entrambi i moduli in formato digitale. Inoltre, dovrai anche caricare immagini digitali di entrambi i tuoi

carta di assicurazione auto (o qualche altra prova di assicurazione auto) e un documento d'identità valido (è preferibile la patente di guida). Se non hai l'assicurazione auto, non sarai squalificato. Dovrai semplicemente affermare che comprendi che senza assicurazione auto non sarai in grado di eseguire negozi che richiedono di operare un veicolo senza assistenza.

Una volta che hai completato questi passaggi e tutte le tue informazioni sono state convalidate, sarai in grado di vedere negozi misteriosi disponibili nella tua zona. Gli acquirenti che completano i loro negozi entro le scadenze, forniscono i loro dati in modo tempestivo in seguito e forniscono tutta la documentazione richiesta per ogni negozio che avrà prima considerazione per i negozi disponibili.

MARITZ

** ******* **********

MICAHTEK

http://www.micahtek.com/jobs.shtml

POSTI DI LAVORO: Assistenza clienti a casa Contractor / Call Center Phone Agent /

STIPENDIO: Non specificato

ALTRE INFORMAZIONI: appaltatore indipendente

DOVE: USA, OKLAHOMA SOLO

****
******** **********

NCO

https://ncogroup.taleo.net/careersection/ncovirtual_u sa/job search.ftl? lang = it & portal = 54101430233

LAVORI: ●· ·Recruiter Temporary ●· **·Business Partner Recruiting virtuale - Salute concessa in licenza**

Agente assicurativo sanitario - Possibilità di viaggiare fino al 50%

necessario. ●· ·Call Center Representative - W ork at Home ●· ·Sr. W AN Engineer

STIPENDIO: Offriamo uno stipendio competitivo e un pacchetto completo di benefici, liberazione retribuita e un piano di 401 (k).

ALTRE INFORMAZIONI: DIPENDENTE

DOVE: USA, VA-Virginia Beach, -IA-Cedar
Louisville, IN-Indianapolis

Rapids, KY-   , NC-
Charlotte, MO-Springfield

****
******** **********

GRUPPO NEWTON

**https://www.newtonelitesalesassociates.com/
empl oyment.php**

**LAVORO: ASSOCIATO
COMMERCIALE**

STIPENDIO: Non specificato

ALTRE INFORMAZIONI: La nostra missione

The Newton Group Elite Sales Associates si impegna a essere il principale contatto virtuale Canter offrendo un valore senza pari nel nostro core business:

Impostazione degli appuntamenti Business to Business e Warm Leads

Impostazione degli appuntamenti di Business to Consumer e Warm Leads

Utilizzando la chiamata in uscita per ricerche di mercato

DOVE: Tutti gli Stati Uniti

** ******** **********

SOLUZIONI NEXTLEVEL

http://www.dial-nls.com/content.php?link=Careers_ind

ALTRE INFORMAZIONI: Titolo del lavoro: agenti virtuali indipendenti

Stipendio: $ 8 ore Descrizione del lavoro:

Il Virtual Independent Agent (VIA) è incaricato di fornire assistenza ai clienti in uscita per effettuare chiamate di vendita da casa, utilizzando un computer, una linea telefonica e una connessione di accesso a banda larga. VIA qualifica l'ammissibilità dei lead, comunica caratteristiche / vantaggi dell'account, supera le obiezioni.

Cerchiamo persone molto motivate e orientate agli obiettivi che siano interessate e apprezzate: la comodità di lavorare da casa essere il proprio capo

Flessibilità; Stabilire il proprio programma Bilanciare affari e famiglia

Iniziare il proprio business Qualifiche: Minimo di 20 ore a settimana disponibilità 1+ anni di vendite telefoniche / servizio clienti preferito Capacità di apprendere in un ambiente frenetico Eccellenti capacità organizzative con la capacità di multitasking Eccellente presenza registra un MAGGIORE plus! Abilità del PC solido Bilingue (spagnolo) un plus - non obbligatorio

Persone amichevoli e in uscita che desiderano offrire ai clienti un servizio clienti +

DOVE: USA

*** ******** **********

NUOVO CORP.

https://www.newcorp.com/careers/home_based_ccr

Rappresentante dell'assistenza clienti a tempo pieno - Work at Home-Virtual Training-2013-1300060

Descrizione

Il rappresentante dell'assistenza clienti è responsabile della fornitura di un'esperienza di assistenza clienti completa e completa per i nostri clienti.

Ciò include l'utilizzo delle conoscenze tecniche avanzate per fornire supporto tecnico per problemi di programmazione e / o attrezzature.

Risponderai a una vasta gamma di domande e fornirai istruzione su problemi complessi, risoluzioni autonome e servizi a valore aggiunto.

Dovrai anche essere in grado di diffondere le frustrazioni dei clienti fornendo soluzioni e determinando le opzioni di servizio. Il membro ideale del team di lavoro da casa è concentrato e organizzato, ha esperienza nel settore del galoppo di chiamata, ama la tecnologia e aiuta gli altri.

I nostri CCR dimostrano un servizio clienti di livello mondiale creando fiducia con i nostri clienti e fornendo risultati di qualità in modo efficiente.

Per avere successo, devi essere in grado di navigare tra più programmi software, applicazioni Windows e utilizzare motori di ricerca basati sul web.

Sono necessarie capacità di ascolto attivo per comprendere il problema e risolvere i problemi utilizzando gli strumenti, le risorse e le procedure per DIRECTV.

In qualità di rappresentante a domicilio, dovresti essere esperto di tecnologia e in grado di mantenere il tuo ufficio a casa, risolvere i problemi relativi al software e riavviare i programmi; tra cui sapere come cancellare i cookie web e la cronologia del browser, nonché i file web temporanei.

Dovrai inoltre utilizzare la grammatica e il tono appropriati per fornire informazioni ai clienti in base alla loro idoneità per offerte e prodotti promozionali e rimanere aggiornato su tutte le promozioni stagionali.

Altri requisiti:

●·　·●·

●·　·●·　·●·

●·

Diploma di scuola superiore o GED.

Flessibile per lavorare tutti i turni come richiesto (serate, fine settimana e festività)

In grado di frequentare ogni classe del periodo di allenamento di 6 settimane.

Avere un ambiente di lavoro privo di distrazioni ed ergonomicamente soddisfacente.

Soddisfa tutte le attrezzature / connettività internet e requisiti del telefono.

Passa uno sfondo e lo schermo della droga.

Requisiti tecnologici

§ Computer con i seguenti requisiti: Windows Vista o superiore, processore da 1 GHz o superiore, almeno 3 GB di RAM, Internet Explorer, software di protezione da virus, almeno 1 GB di spazio disponibile sul disco rigido

§ Servizio Internet ad alta velocità DSL o modem via cavo (la velocità deve essere di almeno 6,0 MB / s in download e 786 KB / s in upload)

§ Servizio telefonico residenziale di base - Analogico o digitale (VOIP non è consentito)

§ Cuffie con filo con microfono a cancellazione del rumore

Informazioni su DIRECTV:

DIRECTV è il secondo distributore multicanale di programmazione video negli Stati Uniti, raggiungendo tutte le aree geografiche negli Stati Uniti e in America Latina.

DIRECTV serve oltre 32 milioni di clienti con la migliore esperienza di intrattenimento video. E quando si tratta di soddisfazione del cliente, lealtà e pochi reclami, DIRECTV è al primo posto per dodici anni consecutivi. Ulteriori informazioni sui servizi di DIRECTV sono disponibili su www.directv.com.

****
******** **********

NEXREP

http://www.nexrep.com/work_at_home_opp ortuni ties.htm

POSTI DI LAVORO: Assistenza clienti, Televisione in uscita, Catalogo in uscita, Vendite in entrata, Ricezione (per Dry Bar, www.thedrybar.com)

STIPENDIO: tra $ 15 - $ 25hr

ALTRE INFORMAZIONI: NexRep è un call center che fornisce servizi leader del settore dal 2009.

Facciamo leva su uno dei gruppi di contraenti in più rapida crescita in America - agenti domiciliari - e stiamo cambiando il volto del settore dei teleservizi. Le aziende che hanno bisogno di avere le loro telefonate hanno risposto, ma non vuoi gestire il proprio call center, scegli NexRep per fornire ottimi agenti.

Il team di NexRep è sempre alla ricerca di agenti di talento. Che tu sia nuovo nel settore dei call center o un esperto veterano delle vendite, vogliamo ascoltarti. Non importa dove vivi - puoi creare il tuo programma e guadagnare grandi somme mentre offri servizi comodamente da casa tua.

Questa è un'opportunità eccellente a casa per imprenditori, professionisti, mamme e pensionati, pensionati e studenti.

A NexRep fai il tuo programma, scegli quando vuoi fornire servizi. Puoi prendere i bambini a scuola, fare delle brevi pause o qualsiasi altro problema che si presenta, sono i tuoi indirizzi da scegliere. A NesRep lavori come un appaltatore indipendente e non come un dipendente.

Tutto l'addestramento è fornito così come la certificazione. Ti aiuteranno a scegliere il giusto tipo di lavoro adatto a te. Alla fine della pagina, compila il EvaluationForm.

DOVE: in tutti gli Stati Uniti.

****
******* **********

PROSSIMA ONDA

http://www.nextwaveathome.com/opportunity.htm J
OBS: servizio clienti

STIPENDIO: Non specificato

ALTRE INFORMAZIONI: l'opportunità

Next Wave è alla ricerca di personale di
sensibilizzazione telefonica da casa per entrare a far
parte della nostra rete in crescita e
indipendente. Lavorando in una nicchia unica del
mercato degli affari pubblici, siamo in grado di
offrire opportunità a persone con o senza precedenti
esperienze di sensibilizzazione di base.

Ciò che conta per noi è trovare persone con le
competenze per educare gli altri e mobilitare il
supporto per i nostri clienti, competenze che potresti
non realizzare di avere! Tu sei:

●· ·Un grande comunicatore, con un talento per
raggiungere le persone?

●· ·Entusiasta di parlare con persone in tutto il paese?

●· ❋〉〈·interessa saperne di più sulle notizie e sui problemi attuali?

Se è così, sei esattamente il tipo di persona che stiamo cercando per il nostro Team di sensibilizzazione di base: il nostro team GO.

Tocca una ricchezza di vantaggi In qualità di membro del team GO di casa, otterrai la flessibilità e l'equilibrio tra lavoro e vita privata che desideri, contribuendo al successo delle campagne dinamiche di affari pubblici. Next Wave ti offre:

●· ·Una vera opportunità di lavoro da casa che non richiede spostamenti quotidiani, vestiti eleganti e nessun lavoro pesante in ufficio ... solo le tue abilità nel raggiungere le persone a livello nazionale.

●· ·Compensazione altamente competitiva. La nostra base paga l'industria. Inoltre, molti progetti includono incentivi per prestazioni eccezionali.

●· ·Orari flessibili e di personale progetto per progetto che permette di adattare il lavoro nella *tua* vita, se avete bisogno di pomeriggi, estati, o una lunga vacanza fuori.

●· ·Emozionante lavoro su questioni attuali. Se ti piace leggere il giornale, ascoltare la radio parlata o stare al passo con gli eventi nella tua comunità, questa potrebbe essere l' opportunità che stavi cercando.

●· ·La possibilità di crescere con noi. Next Wave si sta espandendo rapidamente e noi promuoviamo dall'interno rendendoci idonei per i nuovi ruoli man mano che si presentano.

●· ·Una squadra di supporto in piedi dietro di te. Il business di Next Wave è basato sulle nostre capacità di sensibilizzazione. Apprezziamo ciascun membro del team GO e investiamo nel vostro successo a lungo termine.

Uno scopo diverso = Un'opportunità più gratificante NextWave @ Home non è la normale rete di agenti telefonici. Coinvolgiamo individui di talento a livello nazionale, molti dei quali pensavano che non avrebbero mai apprezzato questo tipo di lavoro. Come membro del team GO, effettuerai chiamate in uscita a un'ampia gamma di segmenti di pubblico, come proprietari di aziende, medici e consumatori. In ogni chiamata, utilizzerai conversazioni non scritte per istruire i cittadini sulle attuali questioni politiche e aiutare gli elettori interessati a partecipare al processo democratico.

È ben lontano dalle attività solitamente assegnate ai chiamanti di lavoro da casa. Cosa rende NextWave @ Home diverso?

●·   ·**Questo NON è un lavoro di vendita.** Non spingerai il prodotto o l'elemosina per soldi ... mai.

●·   ·**Questo NON è un servizio in entrata.** Non ti siedi al telefono in attesa di chiamate che potrebbero non arrivare mai.

●·   ·**Questo NON è telemarketing** . Non è richiesta la precedente esperienza di call center.

Questa è un'opportunità interessante per molti professionisti di casa. Ti invitiamo a esplorare questo sito per saperne di più su NextWave @ Home e per **inviare la tua domanda** oggi.

http://nextwaveadvocacy.applicantstack.com/x/openings

Non vediamo l'ora di parlare con te! Controlla il sito Web per maggiori informazioni !!

DOVE: USA

*** ******** **********

NOVO 1

http://www.novo1.com/careers/

POSTI DI LAVORO: Rappresentante del servizio di assistenza clienti in entrata dal posto di lavoro

STIPENDIO: Non specificato

ALTRE INFO: Clicca sul link dell'offerta di lavoro per maggiori informazioni. Dovrai fare domanda per sapere cosa comporta la posizione.

DOVE: Montana, UT

** ******** **********

TELEVISORI OCCORRENTI

https://ocurrance.jobdigtracker.com/careers/?&p=showAll

LAVORI: ●· ·Agente di vendita in entrata FT - Draper, UT ●· ·Vendite in entrata a tempo parziale - Salt Lake City, UT

STIPENDIO: $ 13- $ 15 all'ora, più vantaggi

ALTRE INFORMAZIONI: DIPENDENTE, Controlla il sito Web per maggiori informazioni.

DOVE: USA, SLC, UT

****
******** **********

ON POINT ADVOCACY

http://onpointathome.com/opportunities/ JOBS: servizio clienti

ALTRE INFORMAZIONI: Il team di OnPoint @ Home è composto da comunicatori e scrittori qualificati interessati agli eventi in corso e che desiderano un'opportunità rapida ma flessibile. Sebbene geograficamente distanti, agiamo come una singola unità che lavora per mantenere una forte squadra dinamica e costruire un senso di cameratismo.

Si prega di consultare le nostre opportunità disponibili di seguito:

Posizione del coordinatore dell'avvocato

I nostri contraenti indipendenti coordinano gli sforzi di sensibilizzazione in uscita tramite comunicazioni telefoniche e scritte. Pertanto, i nostri agenti devono avere un modo professionale e cortese telefono così come essere abili scrittori.

DOVE: USA, CAN

****
******** **********

TELEMARKETING OPK

http://www.opktelemarketing.com/jobs.html

POSTI DI LAVORO: lead generation, impostazione degli appuntamenti, vendite end-to-end

STIPENDIO: Non specificato

ALTRE INFO: ascoltaci

I servizi di telemarketing di OPK sono sempre entusiasti di ascoltare da autodidatti e instancabili esperienza di vendita in una varietà di settori. Se hai una formazione professionale, buone capacità informatiche e ottime capacità di comunicazione, vogliamo saperne di più su di te.

Diventa un chiamante OPK ...

Puoi lavorare dal tuo ufficio a casa come contraente indipendente per OPK- unirsi al team di professionisti d'élite di OPK Telemarketing Services. OPK è alla ricerca di chiamanti che hanno già diversi anni di esperienza di vendita e / o telemarketing. Per favore dicci di più su di te inviando un curriculum e una lettera di presentazione.

Si prega di inviare il tuo curriculum e lettera di presentazione a:

Servizi di telemarketing
OPK casella postale 3245 Greenwood Village, telefono CO 80155: 303-791-9930

numero verde: 866-544-9486 fax: 303-471-1053 email: info@opktelemarketing.com

DOVE: USA

*** ******** **********

ORC INTERNATIONAL

http://www.orcinternational.com/US/careers/Pages/ Teleph one- Research-Interviewer.aspx

Lavoro: intervistatore di ricerche telefoniche

STIPENDIO: $ 8,75 per lavoro a casa e $ 9,00 per altoparlanti spagnolo

ALTRE INFORMAZIONI: Ci sono aperture per giorno, sera e turni del fine settimana. Puoi candidarti di persona o online. DOVE Reno, Nevada. ** *************** **********

SERVIZI DI SPEDIZIONE PROFESSIONALI

http://4pds.com/jobs.html

LAVORI: Rappresentante del servizio clienti, Specialista formazione, Rappresentante servizio clienti - Livello base

STIPENDIO: Non specificato.

ALTRE INFORMAZIONI: IL SERVIZIO CLIENTI DEVE AVERE 2 ANNI DI ESPERIENZA COME GESTORE DI FACILITY, ESPERIENZA DI CENTRO DI CHIAMATA UN PLUS DEFINITO ... DEVE ESSERE TIPO 35+ WPM. Per favore, tutti gli altri non hanno bisogno di applicare.

Questa posizione è lavorata dal tuo ufficio di casa. Devi essere un individuo auto-motivato con autodisciplina e il desiderio di avere successo. È necessario mantenere un ambiente silenzioso quando si lavora al telefono. Puoi effettuare tutte le chiamate che riesci a completare con successo, pur mantenendo la soddisfazione del cliente.

Questa è una posizione contrattuale e richiede un PC Pentium II 450 MHz o superiore con 64M di RAM o superiore, una connessione DSL o via cavo (o superiore) a Internet e una o più linee telefoniche separate per rispondere alle chiamate aziendali. PDS offre ai nostri partner contrattuali compensazione degli incentivi e bonus per il volume di qualità. PDS crede che la diversità porti alla forza. Siamo un datore di lavoro affermativo / pari opportunità M / F / D / V

Compensazione: fino a te - ordine pagato per lavoro - avg. 10- 50+ ordini di lavoro al giorno!

SPECIALISTA FORMAZIONE: questa posizione è lavorata da casa tua. Devi essere un individuo auto-motivato con autodisciplina e il desiderio di avere successo. È necessario mantenere un ambiente silenzioso quando si lavora al telefono. Questa posizione richiede di disporre di un computer Pentium II 450 MHz o superiore con 64 Meg di RAM o superiore, una connessione via cavo o DSL (o migliore) a Internet e una linea telefonica separata per le aziende. PDS offre ai nostri partner contrattuali compensazione degli incentivi e bonus per il volume di qualità. PDS crede che la diversità porti alla forza. Siamo un datore di lavoro affermativo / Pari opportunità

Opportunità Compensazione M / F / D / V : resi noti al cliente SERVIZIO CLIENTI -

ENTRATA: Questa posizione è lavorata da casa tua. Devi essere un individuo auto-motivato con autodisciplina e il desiderio di avere successo. È necessario mantenere un ambiente silenzioso quando si lavora al telefono. Puoi prendere tutte le chiamate che hai e che puoi completare con successo. Questa è una posizione contrattuale che richiede un PC Pentium II 450 MHz o superiore con 64M di RAM o superiore, una connessione via cavo o DSL (o superiore) a Internet e una o più linee telefoniche separate per rispondere alle chiamate aziendali. PDS offre ai nostri partner contrattuali compensazione degli incentivi e bonus per il volume di qualità. PDS crede che la diversità porti alla forza. Siamo un datore di lavoro affermativo / Pari opportunità

Opportunità Compensazione M / F / D / V : Fino a

voi - ordine pagato per lavoro - avg. 20+ al giorno!   Tipo di posizione: contratto

DOVE: TUTTI gli Stati Uniti ************************************** ****** ****************

DIAGNOSTICA DI QUEST

http://www.questdiagnostics.com/home/about/careers/job- search.html

https: //www.external-careerquest.questdiagnostics.com/psc/HCM91PRE/ EMPLO YEE / HRMS / c / HRS_HRS.HRS_APP_SCHJOB.GBL? Pagina = HRS_APP_SCHJOB & Azione = U & TargetFrameName = Nessuno

https: //www.external-careerquest.questdiagnostics.com/psc/HCM91PRE/ EMPLO YEE / HRMS / c / HRS_HRS.HRS_APP_SCHJOB.GBL? Pagina = HRS_APP_SCHJOB & Azione = U & TargetFrameName = Nessuno

LAVORI: ISPETTORE DI PARTECIPAZIONE 1- INS SVCS, Summit di Lee, MO, e TELEINTERVISORI PART-TIME

DESCRIZIONE DEL LAVORO SVOLTA 1-INS SVCS PART-TIME

C'è una certa distanza tra il domandarsi e il conoscere. E per i pazienti in attesa di risposte a importanti questioni di salute, è una strada che vogliono viaggiare il più rapidamente possibile.

Alla Quest Diagnostics Incorporated comprendiamo l'urgenza. Ma più che velocità, focalizziamo le nostre energie sull'accuratezza.

Attualmente, cerchiamo un lavoro **part-time a casa Ispettore 1 per la nostra divisione Exam One.**

Le ore per questa posizione saranno: lunedì 15.00 - 22.00 martedì - giovedì 16.00 - 22.00 venerdì spento

Sabato 8:00 - 12:00

Scopo di base:

Interviste complete con i candidati assicurativi via telefono per più aziende clienti. Deve elaborare una media di almeno 45 unità all'ora.

Principali doveri e responsabilità:

Interviste complete con i candidati assicurativi via telefono. L'ispettore effettuerà in uscita e prenderà le chiamate in entrata dai candidati che chiedono l'assicurazione. Le risposte a domande specifiche verranno inserite in un programma per computer basato su Windows in modo tempestivo ed efficiente. L'ispettore deve mantenere linee guida di produzione specifiche per questa posizione. Gestire il sistema di gestione delle chiamate C 4 effettuando chiamate telefoniche, tentativi di registrazione delle chiamate,

documentare le informazioni all'interno degli ordini secondo necessità. Osserva tutte le politiche di conformità e le politiche e procedure di sicurezza come indicato nel Lab One Safety Manual o nelle questioni di sicurezza incluse in altri training speciali.

Conoscenza ed esperienza: Istruzione e / o esperienza Scuola superiore o equivalente richiesto. Esperienza non necessaria.

Abilità Minime Richieste:

Buone capacità comunicative Accurata, orientata al dettaglio Buone capacità di lavoro di squadra Buona registrazione delle presenze sul lavoro Capacità organizzative Informazioni aggiuntive L'orario di lavoro si basa sul cambiamento delle esigenze del dipartimento: l'ispettore deve riferire prontamente ed essere disposto a fare straordinari, se necessario, per soddisfare le esigenze del dipartimento. Ai dipendenti a tempo pieno è richiesto un turno giornaliero di otto o dieci ore. I dipendenti part time sono tenuti a lavorare con un minimo di turni giornalieri di quattro ore con alcuni sabati richiesti.

-Alcune ore aggiuntive richieste in base alle esigenze aziendali

-Typing competenze di 25 parole al minuto minimo -Buona capacità di comunicazione -Buona abilità del servizio clienti -Accurato

-Dettaglio orientato -Buoni capacità organizzative - Di buona ortografia e corretta grammatica necessaria

Effettua il login o registrati per caricare un CV e completare l'applicazione online. A causa dell'elevato numero di candidati alle aperture di lavoro, Quest Diagnostics contatterà solo i candidati per essere intervistati

Quest Diagnostics ha molte opportunità di carriera per le persone il cui talento, iniziativa e dedizione completeranno la nostra convinzione che il paziente viene prima di tutto e che i valori contano. Lavoriamo per guadagnare la fiducia dei nostri clienti ogni giorno fornendo prodotti e servizi di altissima qualità in modo professionale, accessibile e informativo. La nostra forza lavoro è diversificata e di talento e crede nella nostra visione: "Persone dedicate che migliorano la salute dei pazienti attraverso intuizioni diagnostiche insuperabili".

[Tutti i requisiti sono soggetti a possibili modifiche per ospitare ragionevolmente persone con disabilità.]

Quest Diagnostics è un Empai Opportunity Employer (EEO).

TELEINTERVISORI PART-TIME

Scopo di base:

-Lo scopo principale di questa posizione è quello di completare le applicazioni assicurative via telefono attraverso chiamate in uscita per più aziende clienti. Questa posizione è responsabile del mantenimento di standard minimi di rendimento, inclusi standard di produzione, qualità e frequenza.

Ore di lavoro:

●· ·Al termine di 6-8 settimane di formazione in loco, si sarà in programma di lavorare fino a 29 ore alla settimana

●· ·Questa posizione richiede la sera lavorativa e il sabato.

Doveri e responsabilità:

-Contattare i candidati assicurativi tramite telefono effettuando le chiamate in uscita. Lascia i messaggi per le chiamate di ritorno o completa le interviste con i candidati assicurativi. Queste interviste includeranno la raccolta di storie mediche, finanziarie, professionali e di aviazione. -Utilizzare il sistema di gestione delle chiamate C4 e il sistema telefonico Avaya effettuando chiamate telefoniche, tentativi di registrazione delle chiamate, documentando le informazioni all'interno degli ordini secondo necessità e registrando i risultati delle chiamate. Revisiona e modifica le informazioni raccolte durante l'intervista per scopi di garanzia della qualità . -Imparisce i requisiti specifici stabiliti da ciascuna società cliente. - Rispondere alle esigenze e alle richieste dei clienti e degli Exam One in modo professionale e opportuno. **- Altri compiti assegnati.** **Istruzione richiesta:** Diploma di scuola superiore o equivalente.

Esperienza lavorativa:

-È preferibile l'esperienza del call center precedente. (Sfondo preferito nella terminologia medica o nell'assicurazione sulla vita)

Altro: competenze minime necessarie -Tipo 30 parole al minuto -Buona scritta e verbale capacità di comunicazione comprensione -Basic e pronuncia della terminologia medica -Accurate, particolare orientato lavoro di squadra -Proficient record di presenza del lavoro -Buona -Buona capacità organizzative

Posizione: -Anche se questa è una posizione Part Time Work at Home, i candidati devono trovarsi nell'area metropolitana di Kansas City a una distanza di pendolarismo dalla nostra sede del Summit di Lees.

Richieste fisiche:

-Le richieste fisiche qui descritte sono rappresentative di quelle che devono essere soddisfatte da un dipendente per svolgere con successo le funzioni essenziali di questo lavoro. Si possono fare accomodamenti ragionevoli per consentire alle persone con disabilità di svolgere le funzioni essenziali.

Durante l'esecuzione dei compiti di questo lavoro, il dipendente è regolarmente tenuto a comunicare di persona e sul

telefono. È spesso richiesto al dipendente di usare le mani per tastare, manipolare o sentire le dita per poter utilizzare la tastiera del computer, le apparecchiature per ufficio e altri compiti essenziali. Il dipendente è spesso tenuto a sedersi, alzarsi in piedi, camminare, piegarsi, abbassarsi, accucciarsi e allungarsi con le mani e le braccia. Questa posizione raramente trasporta trasporta o muove in altro modo e posiziona oggetti che pesano fino a 25 libbre.

Ambiente di lavoro:

-Le caratteristiche dell'ambiente di lavoro qui descritte sono rappresentative di quelle degli incontri di un dipendente durante l'esecuzione delle funzioni essenziali di questo lavoro. Si possono fare accomodamenti ragionevoli per consentire alle persone con disabilità di svolgere le funzioni essenziali. Il livello di rumore nell'ambiente di lavoro è generalmente moderato.

Informazioni aggiuntive:

-I doveri e le responsabilità, come richiesto dalla necessità aziendale possono essere aggiunti, cancellati o modificati in qualsiasi momento a discrezione della direzione, formalmente o informalmente, verbalmente o per iscritto. La pianificazione e le assegnazioni di turno e il luogo di lavoro possono essere modificati in qualsiasi momento, secondo le necessità aziendali.

Ho letto e capito le responsabilità della posizione. Dopo la formazione, sarei in grado di svolgere tutte le funzioni essenziali del lavoro, con o senza una ragionevole sistemazione.

Effettua il login o registrati per caricare un CV e completare l'applicazione online. A causa dell'elevato numero di candidati alle aperture di lavoro, Quest Diagnostics contatterà solo i candidati per essere intervistati

Quest Diagnostics ha molte opportunità di carriera per individui il cui talento, iniziativa e dedizione lo faranno

completa la nostra convinzione che il paziente viene prima di tutto e che i valori contano. Lavoriamo per guadagnare la fiducia dei nostri clienti ogni giorno fornendo prodotti e servizi di altissima qualità in modo professionale, accessibile e informativo. La nostra forza lavoro è diversificata e di talento e crede nella nostra visione: "Persone dedicate che migliorano la salute dei pazienti attraverso intuizioni diagnostiche insuperabili".

[Tutti i requisiti sono soggetti a possibili modifiche per ospitare ragionevolmente persone con disabilità.]

Quest Diagnostics è un Empai Opportunity Employer (EEO). ***************************** ********************** **********

STELE DI ROSETTA

http://jobs.rosettastone.com/

http://jobs.rosettastone.com/content/online-language- coaches-197.aspx

POSTI DI LAVORO: SALARIO DI LINGUA
ONLINE PER LA LINGUA: Non specificato

ALTRE INFORMAZIONI: la pietra di Rosetta ha bisogno delle tue capacità per aiutarci a cambiare il modo in cui il mondo impara le lingue. Cerchiamo madrelingua qualificati per lavorare da casa e insegnare lezioni online a tempo parziale, utilizzando la nostra pedagogia e i nostri metodi unici in un ambiente frenetico.

Studio Coaches facilita lezioni online vivaci ed energiche per studenti di tutti i livelli. Diventa parte di un team dedicato al servizio di classe mondiale e alla guida linguistica per ogni studente che investe nella nostra soluzione. Affina le tue abilità lavorando con la nostra tecnologia avanzata e una varietà di livelli di classe.

Stiamo cercando candidati entusiasti, coinvolgenti e appassionati, dediti ad ampliare gli orizzonti dei nostri studenti . Dai un'occhiata a questo **breve video** su Studio

LINGUE: arabo, cinese mandarino, olandese, inglese britannico, inglese americano, farsi, francese, tedesco, greco ebraico, hindi, irlandese, italiano, giapponese, coreano, polacco, portoghese, russo, spagnolo America Latina, spagnolo spagnolo, svedese, tagalong , Turco e vietnamita.

DOVE: Questo è un lavoro da casa, ma abbiamo incontri semestrali in ciascuna delle nostre Città Hub. Cerchiamo candidati che si trovano entro 50 miglia da una delle seguenti città: Chicago, Harrisonburg, VA, Miami, New York City, Seattle o Washington DC.

http://jobs.rosettastone.com/jobs/862958-Online-UK- English-Teacher.aspx

LAVORO: INSEGNANTE INGLESE ITALIANO ONLINE

Riepilogo posizione Rosetta Stone è attualmente alla ricerca di insegnanti inglesi online per aiutare con una nuova offerta di prodotti. Il candidato può essere localizzato ovunque negli Stati Uniti, lavorando da casa.

Riepilogo del profilo del lavoro Insegneranno una pura lezione online. Questa fase richiede a un individuo di lavorare con ciascuno dei nostri clienti circa 10-12 ore a settimana per circa 6 mesi. Dopo la fase iniziale questa posizione temporanea ha il potenziale per lo stato di part-time permanente.

Deve essere un diffusore inglese britannico nativo inglese non statunitense. Inoltre, è necessario avere 3-5 anni di esperienza nell'insegnamento agli adulti, un certificato TESOL è preferibile e un'esperienza di insegnamento ESL. DOVE: Arlington, VA http://jobs.rosettastone.com/jobs/862957-Online-Inglese- Language-Tutor.aspx

LAVORO: TUTOR LINGUA INGLESE ONLINE Riepilogo posizione Rosetta Stone Studio è alla ricerca di madrelingua inglese degli Stati Uniti per facilitare una serie di lezioni di lingua energiche per principianti e studenti avanzati.

I candidati DEVONO essere a proprio agio con la tecnologia, avere accesso a Internet a banda larga da un personal computer ed essere in grado di lavorare 8-10 ore settimanali con un programma flessibile per accogliere gli studenti. La posizione richiede le prime ore del mattino (dalle 6 alle 12) o le ore tarde serali (dalle 19:00 alle 24:00) e le ore del fine settimana. L'esperienza precedente nell'insegnamento e nel viaggio in lingue straniere è benvenuta, ma non è richiesta. Questa posizione sarà una combinazione di lavorare comodamente da casa tua e dai nostri uffici. Se interessato, si prega di applicare di seguito e assicurarsi di presentare un curriculum in corso.

Riepilogo profilo lavoro ** Per poter beneficiare di questa posizione, la tua posizione residenziale deve trovarsi entro un raggio di 50 miglia nell'area di Harrisonburg,
VA. ** ***************************************
*********** *********** **SEDGWICK**

https://www.sedgwick.com/careers/Pages/careersear ch.asp x

Durante la ricerca di questi lavori, nel motore di ricerca di Ricerca carriera, inserire la parola chiave

" CASA". POSTI DI LAVORO : Centro assistenza associato

ALTRE INFORMAZIONI: SHIFT : Ora di inizio tra le 12:00 e le 14:00 CST (l'ora di inizio viene assegnata ogni due settimane ed è soggetta a modifiche in base alle esigenze aziendali).

Richiesto per i candidati; essere disponibile a lavorare 4 giorni feriali e 1 giorno del fine settimana a settimana.

FORMAZIONE : 2 settimane di formazione remota e / o in loco (determinata dalla compagnia). La formazione si svolgerà tra le 9:00 e le 18:00 CST - dal lunedì al venerdì (soggetto a variazioni).

NOTA: queste posizioni saranno Opportunità di lavoro per i candidati qualificati. Sedgwick CMS per fornire il pagamento per la connettività internet e la linea telefonica dedicata. Assistente del centro di assistenza responsabile per il mantenimento della connettività affidabile a casa loro. Deve avere uno spazio di lavoro dedicato per un lavoro silenzioso nell'ambiente domestico. Anche se ci sono città indicate di seguito, alcuni lavori possono essere fatti in tutti gli Stati Uniti.

DOVE: Charleston, West Virginia, San Antonio, TX, Deerfield, IL, Greenburg, IND, Hunt Valley, Maryland, Marlton, New Jersey, Dublino, OH, Oklahoma City, OK, Harrisburg, Pennsylvania, Memphis, Tennessee

LAVORO: Claims Examiner-Lab

STIPENDIO: Non specificato ALTRE INFORMAZIONI: Abilità e conoscenza

Conoscenza approfondita di principi e leggi assicurativi appropriati per linea di business gestita, compensazioni e detrazioni di recuperi, durata della richiesta e della disabilità, contenimento dei costi

Principi che includono le pratiche di gestione medica e la procedura di previdenza sociale e Medicare applicabili alla linea di business.

- Ottima comunicazione orale e scritta, comprese capacità di presentazione

- Informatico per PC, inclusi i prodotti Microsoft Office

- Abilità analitiche e interpretative

- Forti capacità organizzative

- Buone capacità interpersonali

- Ottime capacità di negoziazione

- Capacità di lavorare in un ambiente di squadra

- Capacità di soddisfare o superare le aspettative di servizio DOVE: questa posizione potrebbe essere un'opportunità di lavoro in casa in Quebec, CANADA ************************

*********************************** **S**

ERVIZIO
800 http://www.service800inc.com/car
eers/ JOBS: Servizio clienti
Opportunità di lavoro ALTRE
INFO: lavoro da casa. Connettiti con il
mondo. SERVICE 800 è alla ricerca di
persone motivate che sono disposte a lavorare
da casa.

Devi essere brillante, di bell'aspetto e articolato bene
verbalmente e per iscritto. Dovresti condurre
interviste con i clienti che hanno recentemente avuto
un'esperienza di servizio. Precedenti esperienze di
customer service, conoscenze informatiche e
capacità telefoniche sono obbligatorie.

NOTA BENE: negli Stati Uniti, SERVICE 800
accetta solo applicazioni dai seguenti stati:
FLORIDA, MINNESOTA, TEXAS,
WISCONSIN. Noi   spero di aggiungere a questa
lista quindi ricontrollare frequentemente per

modifiche agli stati ammissibili.

Candidati call call di successo devono fornire quanto
segue:

1. Un personal computer personale con Microsoft Windows XP o più sistema operativo corrente

2. Microsoft Office Suite (Excel, Word e PowerPoint)

3. Un programma di protezione antivirus e un firewall

4. Connessione Internet ad alta velocità (DSL, banda larga, cavo, ecc.)

5. Una linea di telefonia vocale separata e dedicata

6. Un fornitore di chiamate interurbane con una tariffa a lunga distanza approvata come supporto per la composizione SERVICE 800   processi.

7. Spazio di lavoro silenzioso senza rumori di sottofondo

8. I candidati in Sud America, Europa e Asia devono essere fluenti in inglese (capacità di lettura e scrittura).

9. In NORD AMERICA, devi avere la capacità di lavorare da 20 a 30 ore settimanali in giorni consecutivi.

10.   In SUD AMERICA, EUROPA e ASIA devi avere la capacità di lavorare 20 ore alla settimana durante il normale orario lavorativo.

Se dopo la procedura di candidatura sei un individuo qualificato, ti sarà richiesto di passare una valutazione della comprensione della lettura e una sessione di scripting con un facilitatore. Per le lingue diverse dall'inglese, i candidati dovranno superare una valutazione in lingua madre e inglese. I candidati saranno inoltre tenuti a passare il credito personale e gli assegni per i precedenti penali per poter essere ammessi al lavoro.

Se sei interessato a diventare un Calling Representative di SERVICE 800 Inc., compila l' applicazione online ******************************** **************************** **SITEL**

http://www.sitel.com/index.php?p=Careers&pageId=196

LAVORI: Servizio clienti

STIPENDIO: dipende dal lavoro a cui sei assegnato, il pagamento è bisettimanale e il deposito diretto.

ALTRE INFO: Perché lavorare per SITEL?

Il programma Work @ Home Solutions
di **SITEL** offre agli associati la stabilità del lavoro
per un leader nel settore globale dei call
center. Lavorare da casa non è mai stato più facile o
più conveniente. Per iniziare un turno assegnato, un
associato si collegherà semplicemente al
proprio account **SITEL** .

Gli associati saranno tenuti a prestare assistenza per
le chiamate in entrata. Le chiamate possono
riguardare richieste di fatturazione, richieste di
account o prodotti, ordini di prodotti o servizi,
pianificazione dell'installazione o risoluzione dei
problemi tecnici del prodotto. I nostri clienti
provengono da diversi settori come i servizi
finanziari, le telecomunicazioni, la vendita al
dettaglio, l'ospitalità e l'assistenza sanitaria.

Informazioni aggiuntive:

- ·Le chiamate possono comportare un elemento di
vendite, come minimo offrire prodotti e servizi
aggiuntivi

- ·di formazione per tutte le posizioni sarà a tempo
pieno, 40 ore a settimana per uno a sei settimane; la

durata della formazione dipenderà dalla complessità del compito

Qualifiche dei soci di successo:

●·   🖉 ·◆☾◆☾·preferita l'esperienza precedente del servizio clienti ●· ·Auto-motivata e in grado di lavorare in modo indipendente ●· ·Eccellenti abilità verbali e di ascolto, tra cui un

voce professionale e articolata ●· ·Capacità di multi-task in diverse applicazioni informatiche a

una volta durante una conversazione con un cliente ●· ·Piace lavorare in un percorso veloce, e, a volte, frenetico

ambiente pur mantenendo un atteggiamento professionale ●· ·Capacità di mantenere un ambiente di lavoro tranquillo

senza alcuna responsabilità conflittuale ●· ·Diploma di scuola superiore o GED al minimo ●· ·Deve superare con successo un controllo dei precedenti penali,

controllo del credito, e schermo dei farmaci ●· ·Mantenere un profondo impegno a fornire ciascuno e

ogni cliente con un servizio eccezionale

Aggiunti benefici di lavorare da casa:

●· ·Mai più pagare costosi prezzi del gas ●· ·Niente più stressanti spostamenti da e per il lavoro ●· ·Meno usura sul tuo veicolo

●· ·Riduci le emissioni di anidride carbonica

**** Per favore continua a controllare il sito web, ci sono molte informazioni sul clic su ogni scheda a sinistra e dai un'occhiata anche alle domande frequenti. *****

DOVE: USA, VERIFICA MAPPA

*** ******** ** ******** SOLUZIONI SMART OFFICE http://smartofficesolutions.com/career-opportunities/

POSTI DI LAVORO: Programma referral, Servizi di operatore remoto STIPENDIO: per il Programma referral è basato sulle commissioni, pagato in tempo mensile. I servizi di operatore remoto offrono una paga altamente competitiva per trovare la soluzione giusta.

ALTRE INFORMAZIONI: A causa di un forte aumento della domanda per i nostri servizi, stiamo attualmente espandendo il nostro canale di vendita referral. Il nostro programma di referenza ti offre l'opportunità di offrire i nostri servizi avanzati ai tuoi clienti mentre costruisci un forte portafoglio residuo. Come membro del nostro Programma referenze, ci si limita a fare riferimento al cliente e noi lo prendiamo da lì. Gestiamo le vendite, le richieste, l'evasione degli ordini, la fatturazione e il servizio clienti. Non ci sono quote di vendita o impegni da parte tua.

Smart Office Solutions continua a innovare fornendo al tempo stesso prodotti vocali e di videoconferenza di qualità, con un'enfasi sul servizio e   supporto. Il nostro team di operatori altamente qualificati assiste clienti nazionali e internazionali con un servizio clienti leggero e aiuta a facilitare le chiamate in conferenza aziendali. Questa posizione richiede un candidato orientato ai dettagli con forti capacità di assistenza clienti e la capacità di svolgere più attività per assistere i clienti durante le chiamate in corso.

DOVE: Altamonte Springs, FL, USA, è qui che si trova l'azienda, ma per le due posizioni sopra indicate per ulteriori informazioni è necessario chiamare l'800-891-8601 o e-mail **careers@SmartOfficeSolutions.com** . ********\
*********************************\
********* **RICERCA E INDAGINI SOM**

http://www.somrecrutement.com/emplois/interviewe
ur- telephonique-teletravailleur-francophone-ou-
bilingue- / 3

Lavoro: Agente per le indagini telefoniche, Questa è
un'offerta bilingue di lavoro che si trova solo in
Quebec, Canada.

L'offerta di lavoro è solo in francese, quindi ho
tradotto qui di seguito.

ALTRE INFORMAZIONI: intervistatore telefonico bilingue

Francese: il tuo ufficio: la tua casa

(telelavoro). SOM offre l'opportunità di lavorare nel
miglior ambiente di lavoro che è: la tua
casa. Attualmente stiamo reclutando i telelavoratori degli
intervistatori nelle regioni **del Quebec, Montreal,
Montérégie, Lanaudière, Laurentides e
Sherbrooke. Descrizione del lavoro** :   Il lavoro
consiste nel fare chiamate informatiche per
raccogliere dati, opinioni e attitudini della
popolazione target tramite sondaggi telefonici. In
questo ruolo, i tuoi compiti si concentreranno su:
contattare una persona per telefono; Fai una serie di
domande con script, Registra le risposte del

computer alle domande per misurare i progressi dell'intervista. Le indagini sono condotte nell'ambito di ricerche e applicazioni per vari tipi di clienti, come grandi aziende private, media o organizzazioni governative (ministeri, agenzie).

Requisiti:

È necessario avere accesso a Internet tramite una connessione ad alta velocità.

Disponibilità: un requisito minimo di 12 ore settimanali e 3 turni, buone capacità comunicative, fluidità verbale e dinamicità con il pubblico. Abilità informatiche di base richieste (gestione di un computer e di Internet) Autonomia e professionalità un vantaggio. Bilinguismo (francese e inglese) L' esperienza in sondaggi o call center è un vantaggio, si noti che il colloquio di lavoro in **SOM non comporta alcuna vendita o quota di raggiungimento. Le condizioni di lavoro forniscono un orario flessibile in base alla disponibilità (a chiamata). I turni sono serali e i saldi di fine settimana sono compresi tra $ 10,75**

e $ 11,50 l'ora. SOM fornisce un computer con monitor, tastiera e mouse e un auricolare, router e servizi Internet ad alta velocità rimborsati fino a $ 45 al mese. **Richiedi: SOM inc. Dipartimento delle Risorse umane 3340 -Raymond Street, 3 ° piano, Québec (Québec) G1X 2L7 418- 687-8025 o 1-800-605-7824** e Sherbrooke

DOVE: CANADA, Québec, Montréal, Montérégie, Lanaudière, Laurentides e Sherbrooke ************************************ *************************** **STAPLES / BUREAU IT GROS** http://globalcareers.staples.ca/jobs/sales-telesales / representant-commercial -non-itinerant-pour- clients-privilegies-laval-14234977 /

https://staples.taleo.net/careersection/2/jobdetail.ftl?lang=e n & job = 297294

LAVORO: SALDI / TELESALIZZAZIONI E SERVIZIO CLIENTI: Non specificato

ALTRE INFORMAZIONI: L'offerta di lavoro è scritta solo in francese sul sito qui sopra, quindi l'ho tradotta in inglese qui sotto. Puoi guardare il sito per trovare altre offerte, se vuoi, alcune offerte si presentano a intervalli diversi. Ci possono essere alcuni negli Stati Uniti e alcuni in Canada. Quindi vieni spesso a verificare altre offerte.

SCOPO DELLA POSIZIONE

- ·

- ·   ·●·

- ·   ·●·

- ·   ·●·   ·●·

- ·   ·●·

Effettuare chiamate a freddo in uscita a potenziali clienti in conformità con la strategia del programma. Cerca opportunità di vendita per ogni contatto.

Pianifica le chiamate per il giorno, avendo cura di determinare quali sono i periodi migliori per contattare potenziali clienti chiamate di ritorno a freddo, ecc.

Rappresenta sempre Staples in modo positivo e professionale. Raccogliere dati sui clienti e conoscenza del mercato, a seconda dei casi.

Utilizzare le risorse interne per superare gli ostacoli. Soddisfare o superare i requisiti di produttività. Usa i tuoi talenti creativi nello sviluppo del business in modo che la tua chiamata sia diversa dalle altre per il potenziale cliente.

Aumentare il budget di marketing utilizzato in Staples Inc. per vendere proattivamente le business unit attraverso Staples. Genera vendite per Staples Direct, Staples.com e Staples retail.

●· ·Le vendite interne basate interamente su chiamate a freddo per le aziende al fine di acquisire nuovi clienti per Staples Inc.

●· ·Vendi tutti i concetti di Staples concentrandosi sulla consegna a Staples tramite Direct e .Com supportando altre unità organizzative.

DAZI PRINCIPALI E RESPONSABILITÀ

• Incontra o supera gli obiettivi di produttività per il nuovo account ogni settimana

• Effettua chiamate in uscita ai contatti del potenziale cliente a cui sei assegnato

• Effettua tutte le chiamate di ritorno e le chiamate in entrata a cui sei assegnato

• Promuovere lo sviluppo di una strategia che il nuovo cliente diventa un cliente a lungo termine e non un cliente che acquista una volta

• Utilizzare il software di gestione dei contatti e il sistema di registrazione degli ordini per tracciare e acquisire le informazioni appropriate e richieste

• Sono richieste eccellenti capacità decisionali, gestione del tempo e capacità organizzative

• Partecipare alle riunioni del dipartimento e alle sessioni di feedback

• Partecipare a tutte le sessioni di allenamento, se necessario, **GRAFFI / BUREAU EN GROS**

CONOSCENZA E COMPETENZE RICHIESTE

• Deve aver lavorato in precedenza in un ambiente in cui era necessario raggiungere un obiettivo di vendita. In grado di produrre risultati giornalieri. Acquisisci nuovi account ogni giorno. Capacità di valutare vari ostacoli durante una chiamata di vendita.

• Forti abilità interpersonali pur essendo flessibile • Grande motivazione individuale.

• Ottime capacità organizzative e gestione del tempo e la capacità di eseguire più attività contemporaneamente.

• Capacità di risolvere problemi. • Conoscenza di base di computer e PC.

DOVE: LAVORO MONTREAL A CASA, LAVAL, QUEBEC, CANADA LAVORO NO. 851324 ********************************* ***************** *********** **STARTEK**

https://startek.taleo.net/careersection/athome/jobsear ch.ftl? lang = it & radiusType = K & searchExpanded = true & raggio = 1

https://startek.taleo.net/careersection/startek+40hom e/jobs earch.ftl? lang = it & portal = 4160473341

LAVORO: CONTROLLA SPESSO AL LINK SOPRA PER LAVORO A DOMICILIARI

STIPENDIO: non specificato

ALTRE INFORMAZIONI: Si tratta di posizioni di lavoro da casa, ma la formazione si terrà sul posto a Downtown Cincinnati, Ohio. Devi vivere in un raggio di 50 miglia nel centro di Cincinnati. Questa posizione è responsabile per ricevere chiamate dai clienti e rispondere alle loro domande, richieste e preoccupazioni sui loro specifici prodotti / servizi di comunicazione.

DOVE: CINCINNATI, OH

** ******** **********

SUPPORT.COM

http://www.support.com/about/careers/locations/workfrom home
http://www.support.com/about/careers/openings

**** Controllare il link qui sopra per vedere tutte le descrizioni dei lavori, In dipartimento si dovrebbe scegliere Work From Home, se non è già lì. ****

LAVORI:

- Personal Technology Expert - Lavora da casa | NOI - Multiple, Stati Uniti

- Specialista della documentazione - Lavora da casa | Stati Uniti - Multiple, Stati Uniti

- Instructional Design (Trainer) - Lavora da casa | NOI - Multiple, Stati Uniti

- Operations Project Manager - Lavora da casa | Redwood City, CA, Stati Uniti

- Addestratore di produzione - Lavora da casa | Stati Uniti - Multiple, Stati Uniti

- Supervisore della qualità - Lavora da casa | Stati Uniti - Multiple, Stati Uniti

- Tecnico dei servizi remoti - Lavora da casa | Stati Uniti - Multiple, Stati Uniti

- Analista di pianificazione e pianificazione della forza lavoro - Lavora da casa | Stati Uniti - Multiple, Stati Uniti SALARIO: Non specificato ALTRE INFORMAZIONI: Lavoro da casa USA e Canada Per molte persone, lavorare da casa è una situazione ideale e per alcuni potrebbe essere la loro unica opzione pratica. Nostro Call Center negli Stati Uniti e in Canada è un'opera distribuita dal modello domestico. Come uno dei nostri agenti, opererai con le tue attrezzature familiari, sfruttando al tempo stesso la più potente piattaforma di supporto tecnologica brevettata per l'erogazione dei servizi. Anche se avrai la flessibilità di lavorare da casa tua, non lavorerai in isolamento. Il nostro portale web della comunità consente al nostro team di call center di collaborare e rimanere in contatto continuamente su problemi tecnici comuni, domande dei clienti, argomenti di interesse generale e notizie aziendali. Inoltre, farai parte di una comunità più ampia, la famiglia Support.com. Teniamo i nostri dipendenti del Call Center nella massima considerazione, includendoli quando possibile. Siamo abituati a lavorare a livello globale e abbiamo perfezionato l'arte della comunicazione remota! **SUPPORT.COM**

Siamo alla ricerca di tecnici di talento che amano risolvere problemi di tecnologia. Se stai cercando un'opzione di carriera soddisfacente con vantaggi interessanti, che ti consenta di mantenere un'alta qualità della vita, Support.com potrebbe essere la soluzione giusta.

Risarcimento e vantaggi - USA I benefici sono disponibili per te e la tua famiglia dopo il completamento di un periodo di ammissibilità. Salute e benessere

- La copertura assicurativa di base sulla vita fornisce sicurezza finanziaria in caso di decesso.

- Copertura assicurativa sulla vita dipendente per aiutare con spese impreviste derivanti dalla morte di un coniuge o figlio a carico.

- Copertura assicurativa per decesso e smembramento accidentale (AD & D) in caso di incidente con conseguente morte o smembramento. Le indennità sono pagabili in aggiunta a qualsiasi altra assicurazione che possiate avere.

- 401 (k) Support.com ti aiuta a pianificare il tuo futuro con un piano 401 (k) che ti consente di risparmiare dollari con imposte differite verso la pensione

- Copertura sanitaria estesa Copertura ospedaliera, farmaci, cure dentistiche, visione e copertura medica integrativa per te e per i tuoi dipendenti idonei. Ulteriori vantaggi · Feste pagate Le ferie pagate sono disponibili secondo le politiche di ferie della compagnia. **SUPPORT.COM**

●· ·Tempo di pausa libero I dipendenti permanenti a tempo pieno accumulano credito PTO a partire dal giorno in cui vengono assunti.

●·   ⍰●·programma di assistenza per i dipendenti (EAP) EAP può aiutarti a risolvere una serie di problemi personali. Questi servizi sono completamente confidenziali. * Parte del beneficio sanitario esteso.

●·   ·Programma di rimborso per l'istruzione Su raccomandazione e approvazione VP, è possibile fornire il rimborso di alcune spese sostenute per la registrazione, le lezioni e i libri sui corsi relativi alla carriera.

Risarcimento e indennità - Canada * Deve essere un dipendente a tempo pieno regolare (che lavora un minimo di 20 ore settimanali alla settimana) per ricevere i sussidi. Tu e la tua famiglia avete diritto alla copertura il primo giorno di lavoro. Salute e benessere

●·⍰□❖ ⍰ □·La copertura assicurativa di base sulla vita fornisce sicurezza finanziaria per la famiglia o altri beneficiari in caso di decesso.

●·   ·Copertura assicurativa sulla vita dipendente per aiutare con spese impreviste derivanti dalla morte di un coniuge o figlio a carico.

●·   ·morte accidentale e smembramento (AD & D) Assicurazione

Copertura per qualsiasi incidente con conseguente morte o smembramento. Le indennità sono pagabili in aggiunta a qualsiasi altra assicurazione che possiate avere.

SUPPORT.COM

- estesa Health Care copertura ospedale Vasto, la droga, l'odontoiatria, la cura della vista e copertura sanitaria integrativa per voi ei vostri familiari a carico ammissibili.

Ulteriori vantaggi ● ·Ferie pagate

Le ferie pagate sono a vostra disposizione in conformità con

le politiche di ferie della compagnia. ● ·Programma di assistenza per i dipendenti (EAP)

EAP può aiutarti a risolvere una serie di problemi personali. Questi servizi sono completamente riservati e forniti da un'agenzia esterna e contrattata.

- ·Programma di rimborso per l'istruzione Su raccomandazione e approvazione VP, è possibile fornire il rimborso di alcune spese sostenute per la registrazione, le lezioni e i libri sui corsi relativi alla carriera.

SUPPORT.COM

****
******** **********

SUTHERLAND

https://www.sutherlandathome.com/Default.aspx

LAVORO COLLEGAMENTO DISPONIBILE SOTTO;

https://www.sutherlandathome.com/Sutherland_At_Home _Apply.aspx

LAVORO: Consulente di Bright House Networks - PANORAMICA;

Inbound Technical Support Representative Work @ Home Consultants Job Summary: Come consulente Work at Home risponderai alle chiamate in entrata; fornire ai clienti residenziali assistenza per la risoluzione dei problemi e la riparazione della TV via cavo e rispondere alle richieste di informazioni generali.

Deve vivere nell'area BHN Florida Market Deve possedere eccellenti capacità comunicative Deve avere almeno 1-3 anni di customer care con esperienza di trouble shooting

Deve aver superato il livello di test tecnico 1 con un punteggio TTV di 25 e superiore

- · ·US ATT Uverse WAH 20069 NUOVO

PANORAMICA; Questa è una posizione di servizio al cliente con aspettative sia tecniche che up-sell. Gli associati sono il primo livello di supporto per i clienti ATT che stanno avendo problemi con Internet, i servizi TV e problemi VOIP.

PANORAMICA; Rappresentante del supporto tecnico in entrata di Cox Rappresentante del lavoro dell'agente di lavoro @ Home: i clienti di Cox Communications chiamano il nostro team in cerca di assistenza con il servizio clienti e le questioni tecniche relative al loro servizio video, Internet e / o telefonico. Oltre a offrire un'ottima esperienza del cliente e una soluzione per la prima chiamata, i nostri consulenti dovrebbero identificare opportunità di up-sell / cross-sell di ulteriori prodotti e servizi di Cox Communications.

- · ·Consulente di vendita e supporto tecnico in entrata

PANORAMICA; Consulente del supporto tecnico Work @ Home: in qualità di consulente del lavoro a casa, risponderai alle chiamate in entrata, fornendo ai clienti residenziali assistenza tecnica e dati sui dati e rispondendo alle richieste di informazioni generali. I consulenti del supporto tecnico sono anche responsabili dell'identificazione dei potenziali bisogni dei clienti nella speranza di offrire al cliente opportunità di vendita.

STIPENDIO: Non specificato

ALTRE INFORMAZIONI: Esistono molti tipi diversi di lavoro a casa, là fuori, da lavori di appaltatori indipendenti a lavori di assunzione diretta e persino a lavori tradizionali in cui potresti arrivare a telelavorare uno o due giorni alla settimana! Come fa qualcuno a tenerli tutti dritti? Bene, abbiamo delineato il modo di lavorare a casa Sutherland @ Home che chiamiamo Remote Workplace. Con noi, sei un dipendente e parte della famiglia Sutherland e sei trattato come tale. Qui di seguito troverai alcune delle cose che ci rendono unici e farai luce su come siamo diversi dal resto dell'industria del lavoro a casa.

SUTHERLAND

DOVE: USA

****

TALK 2 REP

http://ch.tbe.taleo.net/CH11/ats/careers/searchResult
s.jsp?o rg = TALK2REP & cws = 1

http://ch.tbe.taleo.net/CH11/ats/careers/requisition.js
p?org = TALK2REP & cws = 1 & rid = 85

http://ch.tbe.taleo.net/CH11/ats/careers/requisition.js
p?org = TALK2REP & cws = 1 & rid = 11

POSTI DI LAVORO: Servizio clienti / Supporto
tecnico (bilingue inglese / francese) Lavoro a casa,
Agente di chat di vendita (lavoro da casa)

ALTRE INFORMAZIONI: doveri e responsabilità:
servizio clienti / supporto tecnico

●· ·Assistere i chiamanti in entrata per un fornitore di
servizi di pubblica utilità con vari servizi per i clienti,
inclusi, a titolo esemplificativo, supporto tecnico e
risoluzione dei problemi.

●· ·Fornisce supporto tecnico agli utenti di Casio
ricercando e rispondendo alle domande, risolvendo i
problemi e guidando il cliente attraverso passaggi
correttivi.

●· ·Accoglie le disabilità del cliente raccomandando dispositivi e tecniche.

●· ·Migliora le prestazioni del sistema identificando i problemi; raccomandare modifiche.

● ▪Realizza i sistemi di informazione e la missione

organizzativa completando i risultati correlati

Agente di chat di vendita

Gli agenti di chat di vendita svolgono un ruolo fondamentale, il collegamento tra i vari clienti e le entità aziendali in cui rappresentiamo. In qualità di agente di chat per le vendite, chatterai con i clienti esistenti e / o non esistenti di una delle migliori società di telecomunicazioni della nazione! Consulteresti questi clienti e li assisteresti nel cercare di vedere quali prodotti sono offerti a beneficio loro. Divertiti a rispondere alle domande dei clienti, ricevere bonus per le tue vendite e far parte di una tendenza emergente - che è Chat!

DOVE: Solo negli Stati Uniti *************************************** ******* ************** **TELCARE**

http://www.telcarecorp.com/about-us/career-opportunities

http://www.telcarecorp.com/about-us/career-opportunities / 23-telephone-satisfaction-survey-agent

http://www.telcarecorp.com/about-us/career-opportunities / 56-developer

POSTI DI LAVORO: Agente per il sondaggio sulla soddisfazione del telefono, lo sviluppatore lavora a casa

STIPENDIO: Contractor indipendente, $ 9 - $ 10 ore, da 20 a 40 ore Ti verrà richiesto di frequentare un corso presso l'ufficio di Boca Raton per circa una settimana a seconda dei progetti assegnati e del livello di abilità che possiedi.

ALTRE INFORMAZIONI : Descrizione del lavoro: **Agente per sondaggi sulla soddisfazione del telefono**

Questo lavoro comporta l'esecuzione di sondaggi sulla soddisfazione del telefono. Esistono diversi tipi di sondaggi, alcuni sono brevi con solo 8-10 domande e altri sondaggi possono contenere 60 o più domande. Chiamerai persone che hanno acquistato da o sono state servite da un'azienda. Potresti anche chiamare società che sono concessionarie / distributori di società più grandi. Sarete **Non** venderete eventuali prodotti / servizi o fare gli appuntamenti per vendere prodotti / servizi. **Questo non è telemarketing** .

Titoli di studio:

Ai candidati bilingui (inglese / spagnolo) verrà data la priorità. Preferiamo che tu abbia avuto qualche precedente esperienza di servizio al cliente. Questa esperienza non deve necessariamente essere nell'area del sondaggio. Vogliamo solo sapere che hai avuto esperienza nel trattare con i clienti in modo service, preferibilmente al telefono. Dal momento che tutto il tuo lavoro sarà su Internet su un computer, preferiamo anche che tu abbia esperienza nella navigazione in internet, nell'e-mailing e nell'utilizzo di qualsiasi prodotto di messaggistica istantanea. I candidati per questo lavoro in possesso di queste competenze riceveranno alta priorità.

Requisiti aggiuntivi includono eccellenti capacità di comunicazione e una padronanza completa della lingua inglese. Devi essere in grado di digitare velocemente, utilizzare il controllo ortografico e modificare i commenti per grammatica e punteggiatura.

Sviluppatore:

Descrizione del lavoro:

Utilizziamo un programma basato su Web ASP classico sviluppato dall'utente che si trova di fronte a un database SQL 2000 Server e chiama le stored procedure SQL. Il programma ASP è il portale utilizzato dagli agenti di sondaggi sulla soddisfazione del telefono che effettuano le chiamate da casa. Questo programma è molto stabile, ma vorremmo migliorarne alcuni aspetti. Inoltre, stiamo incrementando la nostra offerta di sondaggi SMS / messaggi di testo e abbiamo bisogno che uno sviluppatore lavori in SQL per automatizzare più di tale processo con il nostro SMS Platform Aggregator. Infine, abbiamo un catalogo report client che utilizza le stored procedure e le viste SQL per generare report Crystal Reports ed Excel. Avremo bisogno di ulteriori modifiche in questo settore. Avrai bisogno delle seguenti abilità:

●· ·Creazione e modifica di stored procedure SQL e DTS ●· ·Creazione di app Web sicure per i client ●· ·Modifica dell'applicazione Web ASP classica esistente ●· ·Creazione e modifica di Crystal Reports

●· ·Collaborazione con i professionisti IT dei clienti

DOVE: SOLO i residenti della Florida del Sud!

** ******** **********

TELEXPERTISE

http://www.telexpertise.com/work_at_home_jobs_te lephone.ht ml

LAVORO: Telefono Mystery Shopper, Call Evaluator, Team Leader, Outbound Telesales / Lead Generation   .

STIPENDIO: tutto dipende dal lavoro che si sceglie e sono qualificati per fare.

ALTRE INFORMAZIONI: Opportunità di lavoro per i contraenti indipendenti

Telefono Mystery Shopper-Independent Contractor - PART TIME Abbiamo incarichi che variano in complessità. Tutte le posizioni richiedono precedenti esperienze di acquisto misterioso. Lavorando dal tuo ufficio a casa sarai responsabile per le chiamate in uscita in tutto il paese, in ogni fuso orario. Questa posizione non è facile o affascinante, quindi preparatevi a lavorare sodo. Tutti i nostri MEMORATORI MYSTERY TELEFONICI sono pagati per *ogni negozio completato* . **Non ci sono salari orari o garanzie offerte. La maggior parte degli incarichi offre un risarcimento di**

$ 3 a $ 10 per negozio completato a seconda della complessità del negozio. Anche agli acquirenti esperti vengono offerte inizialmente assegnazioni molto limitate. Se vieni contattato come teleXpertise SHOPPER MYSTERY TELEFONICO **puoi aspettarti di guadagnare tra $ 50 e $ 75 al mese almeno per il tuo primo mese.** Puoi conoscere alcune delle nostre aperture correnti a sinistra.

Premere sul pulsante e-mail per applicare altri compiti per i quali si desidera essere considerati. Includi il tuo curriculum e altre qualifiche pertinenti.

Chiama Evaluator / qualità delle chiamate analisti VENDITE chiamate - PARTE ORA è richiesta esperienza di valutazione delle vendite precedenti. Le chiamate che si stanno valutando sono chiamate di vendita . Il tuo compito sarà quello di ascoltare le chiamate registrate e fornire una pagina completa di coaching scritto, feedback e idee per il miglioramento delle vendite. Il coaching si concentra sulle competenze di **vendita** , quindi un background nel servizio clienti NON ti qualifica per la posizione. Applicare solo se si dispone di eccellenti capacità di comunicazione scritta, precedente esperienza di valutazione delle chiamate di vendita e può fornire esempi del lavoro precedente. Questa è una posizione part time. **I nostri valutatori guadagnano in genere circa $ 100 - $ 250 al mese durante i primi mesi di impiego.**

Gli accordi di compensazione possono essere orari o dalla valutazione

a seconda del compito.

Premere sul pulsante e-mail per applicare. Includi il tuo curriculum e altre qualifiche pertinenti.

Team Leader - Esperienza remota / virtuale richiesta

È richiesta un'esperienza di gestione precedente. Supervisionerai a distanza un team di massimo 12 mystery shopper e / o valutatori. La maggior parte dei membri del team sarà "virtuale", quindi è necessario avere esperienza nella gestione del personale fuori sede.

Premere sul pulsante e-mail per applicare. Includi il tuo curriculum e altre qualifiche pertinenti.

In uscita Telesales / Lead Generation Da $ 8 a $ 10 / ora garantiti (può guadagnare fino a $ 25 / ora in base alle prestazioni) Questo lavoro richiede qualcuno con forti capacità di telemarketing e lead generation in uscita. Contatterai piccole, medie e grandi aziende in tutto il paese per stabilire nuovi rapporti commerciali per teleXpertise. La tua fonte principale sarà un elenco acquistato da Hoover / D & B che include i nomi dei contatti principali e i numeri di telefono. Altri criteri sono stati attentamente selezionati sulla base del profilo cliente tipico di teleXpertise: ricavi, dimensioni dell'azienda, industrie (SIC / NAICS), ecc. Una delle abilità principali di cui avrete bisogno è la capacità di superare lo screening. Il tuo successo dipenderà da quanti decisori sono in grado di rendere in diretta contatto con. Queste sono le prime chiamate "fredde" per la prima volta.   Questa è una posizione part time da cui partire; circa 75 ore al mese. Fai un caso persuasivo per il tuo lavoro e ti chiederemo di unirti al team al più presto!

Premere sul pulsante e-mail per applicare. Includi il tuo curriculum e altre qualifiche pertinenti.

LINEE GUIDA PER I CONTRAENTI INDIPENDENTI Molte aziende senza scrupoli richiedono una commissione sul potenziale

appaltatori. **NON Le addebitiamo alcuna commissione per lavorare per noi. Tuttavia, sei responsabile al 100% del pagamento delle imposte sul reddito, dell'ufficio e delle spese vive. Inoltre, in qualità di appaltatore indipendente, sei responsabile della tua salute, dei tuoi denti e di altri benefici. Non sei impiegato da noi; hai contratto i tuoi servizi con noi** .

DOVE: USA

*** ********

Teleflora

https://teleflora.tms.hrdepartment.com/jobs/4415/Freelance -Content-Assistant-TemporaryOklahoma-City-OK

Assistente ai contenuti freelance - Temporary Oklahoma City, OK

SOMMARIO DI LAVORO La funzione principale di questa posizione è fornire soluzioni multimediali ed e-learning per il dipartimento Consumer Direct di Teleflora. Questa è una posizione freelance

QUALIFICHE / ATTRIBUTI ●· ·Editing video ●· ·Mixaggio audio ●· ·Design grafico

- ·necessario disporre di Adobe Creative Suite tra cui Adobe Audition, Power Point, e del software Screen Capture, preferibilmente Camtasia.

- ·persona pro-attivo che può operare sia individualmente che come parte di un team

Si prevede che la posizione lavorerà fino a 32 ore settimanali per i mesi di agosto e settembre

** ******** **********

TELEPERFORMANCE

http://www.teleperformance.com/en/best-place-for-people / apply-now / were-a-people-company.aspx

http://www.teleperformance.com/it/Best-Place-for-People / JobSearch.aspx? country = 327

https://secure.teleperformance.com/JobSearch/userDisplay. aspx? jobId = 129

https://secure.teleperformance.com/JobSearch/userDisplay. aspx? jobId = 72 https://secure.teleperformance.com/JobSearch/userDisplay. aspx? jobId = 76

https://secure.teleperformance.com/JobSearch/userDisplay. aspx? jobId = 93

https://secure.teleperformance.com/JobSearch/userDisplay. aspx? jobId = 189

https://secure.teleperformance.com/JobSearch/userDisplay. aspx? jobId = 786

POSTI DI LAVORO: rappresentante del call center, rappresentante del call center assistenza tecnica (2 posizioni)

STIPENDIO: dipendente con benefici

ALTRE INFORMAZIONI: **SERVIZI DI ASSISTENZA TECNICI E CLIENTI DA CASA**

Teleperformance è alla ricerca di professionisti che contribuiscano a fornire il loro pluripremiato marchio di servizi **tecnici e di assistenza clienti da casa** . Questa posizione è immediatamente disponibile e offre l'opportunità di lavorare a tempo pieno dalla comodità della vostra casa. Oltre alla praticità, lavorare da casa offre i vantaggi aggiuntivi di:

• Il telelavoro può eliminare il costo, lo stress e il tempo del tuo tragitto giornaliero.

• Lavorare a casa può ridurre drasticamente i livelli di stress che sono comuni quando si lavora da un tipico ambiente d'ufficio.

• W orking At Home produce un orario di lavoro a tempo pieno più flessibile .

La tua giornata sarà identica a quella dei nostri tecnici interni e dei professionisti dell'assistenza clienti. Proprio come questi dipendenti, avrai pause programmate, pranzi e lavori come parte di team di supporto più grandi e sarai supportato da un team leader.

Lavora dal servizio di supporto tecnico domestico

Il rappresentante interagisce con clienti e rappresentanti di altre linee di business per gestire una varietà di funzioni. Questa posizione è un lavoro dalla posizione di casa; tuttavia i candidati devono vivere a breve distanza di guida dalla nostra struttura perché 6 settimane di formazione si terranno sul posto. I rappresentanti forniranno assistenza, effettueranno ricerche sull'account, risolveranno problemi di connettività, assisteranno con problemi di posta elettronica e risponderanno a domande relative a Velocità. Potrebbero anche sorgere altre domande e richieste e i rappresentanti devono essere in grado di risolvere più problemi complessi, nonché eventualmente apportare modifiche all'account richieste per telefono, chat, e-mail o sistema di biglietteria.

La posizione è a tempo pieno.

Il rappresentante di supporto tecnico di livello due

Interagisce con clienti e rappresentanti di altre linee di business per gestire una varietà di funzioni. I rappresentanti forniranno assistenza per l'account, eseguiranno ricerche sull'account, mantengono gli obiettivi di vendita, accedono a più sistemi informatici e rispondono alle domande relative aspetti tecnici e di fatturazione. I rappresentanti diagnosticano i fattori determinanti per i problemi dei clienti e implementano una soluzione nel sistema per i problemi. Ai rappresentanti potrebbe essere richiesto di inviare i biglietti per le aree problematiche e potrebbe essere richiesto di completare le chiamate di follow-up con il cliente per assicurarsi che il problema sia stato risolto completamente. Potrebbero anche sorgere altre domande e richieste e i rappresentanti devono essere in grado di risolvere più problemi complessi e possibilmente prendere ordini per attivazioni e / o modifiche del conto

Fornisci supporto tecnico in entrata per un importante fornitore di servizi Internet : * Hai 6 mesi di esperienza nel call center o qualcosa di simile?

* Ama i computer e persino divertiti a costruirli? * Hai esperienza nella riparazione di problemi hardware e software ? Se hai risposto si a una di queste domande, Teleperformance vuole parlare con te. Offerte Teleperformance negli Stati Uniti: grandi vantaggi retributivi dopo 30 giorni Opportunità di lavoro in tutto il mondo Vari programmi Sconti per i dipendenti Opportunità di lavorare con computer o fornitori di servizi di fibra ottica ben noti Chiamate inbound da clienti che necessitano di assistenza tecnica da parte dei

comfort di

casa TELEPERFORMANCE WHERE: Boca
Raton, FL, North Lauderdale, FL, Lindon, UT,
Columbus, Ohio, Shreveport,

LA *****************
****

********** TELEREACH

http://www.telereachjobs.com/index.cfm

http://www.telereachjobs.com/5-0.cfm

*** Si prega di leggere il link FAQ sopra per
ottenere ulteriori informazioni sui lavori. ****

LAVORI: impostazione degli appuntamenti, vendite

STIPENDIO: allenamento da $ 7,55 a 12 ore, dopo
$ 12- $ 28 ore ALTRE INFORMAZIONI: NOTA:
se si verificano problemi con il

modulo per favore usa il nostro modulo di
contatto per lasciare un messaggio!

SI PREGA DI LEGGERE IL "Come faccio a fare
domanda per un lavoro presso TELEREACH"
SEZIONE DEL *pagina FAQ* PER domande
riguardanti il processo di applicazione.

Stai cercando un lavoro a lungo termine con un'azienda affermata? Ti piacerebbe lavorare sul tuo programma di tempo? Camminare nel tuo ufficio, indossare le pantofole e l'accappatoio da coniglio con una tazza di caffè in mano è allettante? Se è così, allora TeleReach è per te!

Se questo ti interessa, compila il breve questionario qui sotto e sarai sulla buona strada! Per essere considerato per una posizione NON devi vivere fuori dagli Stati Uniti . **Non assumiamo i seguenti stati: CA, CT, DE, FL, HI, IL, MA, MD, MI, MT, ND, NH, NV, PA o WA.**

DOVE: USA, VERIFY STATES HIRING

*** ******* **********

TELETECH

http://www.teletechjobs.com/req-en-US/0107h-job-ph- nationalcapital-novalichesqcmetromanila-desktop- support-associate-technician --- at-home

http://www.hirepoint.com/athome-en-US/search-home- jobs /

LAVORI: Tecnico associato all'assistenza desktop - A casa

Rappresentante del supporto tecnico TeleTech @ Home

TeleTech ora sta assumendo. Unisciti al nostro team di soci dell'assistenza tecnica ottimista e amichevole Se questo ti descrive ...

· *Tecnicamente orientato e informatico*

· *In uscita e ponderato*

· *Appassionato e motivato ...*

Quindi, DOMANDA OGGI! Essere un tecnico dell'assistenza tecnica TeleTech può essere una carriera entusiasmante e veloce in cui puoi arrivare fino alle tue ambizioni. TeleTech è alla ricerca di persone che amano rendere felici i clienti. Siamo un'azienda piena di persone ad alta energia con la volontà di mettere al primo posto le esigenze del cliente. Se hai un talento per essere in grado di spiegare concetti tecnici in un linguaggio facile da capire, allora questa posizione sarà perfetta.   In questa posizione, dovrai rispondere alle domande tecniche dei clienti dei marchi Fortune

500. Verrai assegnato a un account e avrai una formazione completa sul prodotto o sul servizio che fornirai ai clienti. In qualità di addetto all'assistenza tecnica, puoi sentire la soddisfazione dei tuoi clienti dopo che sei stato in grado di aiutarli a ottenere il massimo dai loro prodotti o servizi. Diventa membro del team TeleTech TeleTech ha una storia di 30 anni di assunzione di grandi persone come te! Infatti, il nostro team comprende oltre 40.000 dipendenti in oltre 17 paesi in tutto il mondo, gestendo giornalmente circa 3,5 milioni di transazioni con i clienti. Le sue persone sono come te che fanno di TeleTech un ottimo posto dove lavorare.

Cosa offriamo:

Ed ecco le cose importanti ... TeleTech offre ai nostri associati:

· *Salario competitivo + bonus* A partire da $ 9,00 / ora

· *Avanzamento e opportunità di carriera*

· *Rimborso delle lezioni e risparmio pensionistico*

· *Premi e sconti dei
dipendenti* Cosa stiamo
cercando: motivazione, passione,
integrità. Queste sono solo alcune delle
caratteristiche apprezzate da
TeleTech. Naturalmente, ci sono anche altri
requisiti.   Questi includono:

· Completamento di due anni di college o scuola tecnica
o esperienza lavorativa applicata

· Esperienza tecnica precedente
preferibilmente

· Alfabetizzazione informatica,
conoscenza di Internet ed esperienza con il
software

· Comunicazione eccezionale e
abilità verbali

· Capacità e desiderio di eccellere
in un ambiente di lavoro dinamico. Sei pronto
ad accettare la sfida? Perché TeleTech è
pronto per TE!

Fare clic sul pulsante Apply Now per farci sapere su
di te. Ancora meglio, fai domanda adesso e chiedi
anche ai tuoi amici di fare domanda. Per ulteriori
informazioni sul mondo delle opportunità che ti

aspetta su TeleTech, visita il nostro sito web sulla carriera

all'indirizzo **http://www.TeleTechJobs.com** .

Rappresentante del servizio clienti TeleTech @ Home

TeleTech ora sta assumendo. Unisciti al nostro team di soci dell'assistenza clienti ottimisti e cordiali.

Se questo ti descrive ...

· *Orientato al servizio clienti*

· *In uscita e gentile*

· *Appassionato e motivato ...*

Quindi, DOMANDA OGGI! Essere un cliente dell'assistenza clienti TeleTech può essere una carriera entusiasmante e frenetica in cui puoi arrivare fino alle tue ambizioni. TeleTech è alla ricerca di persone che amano rendere felici i clienti. Siamo un'azienda piena di persone ad alta energia con la volontà di mettere al primo posto le esigenze del cliente. In questa posizione, dovrai rispondere alle domande dei clienti dei marchi Fortune 500. Verrai assegnato a un account e avrai una formazione completa sul prodotto o sul servizio che fornirai ai clienti.

In qualità di associato all'assistenza clienti, puoi sentire la soddisfazione dei tuoi clienti dopo che sei stato in grado di aiutarli a ottenere il massimo dai loro prodotti o servizi. Diventa un membro del team TeleTech

TeleTech ha 30 anni di esperienza nell'assumere grandi persone come te! Infatti, il nostro team comprende oltre 40.000 dipendenti in oltre 17 paesi in tutto il mondo, gestendo giornalmente circa 3,5 milioni di transazioni con i clienti. Le sue persone sono come te che fanno di TeleTech un ottimo posto dove lavorare.

Cosa offriamo:

Ed ecco le cose importanti ... TeleTech offre ai nostri associati:

· *Salario competitivo +* *bonus* Media $ 8,50 - $ 9,00 l'ora

· *Avanzamento e opportunità di carriera*

· *Rimborso delle lezioni e risparmio pensionistico*

· *Premi per i dipendenti e sconti* Cosa stiamo cercando: motivazione, passione, integrità. Queste sono solo alcune delle caratteristiche apprezzate da TeleTech. Naturalmente, ci sono anche altri requisiti. Questi includono:

· Diploma di scuola superiore o equivalente

· 6 mesi o più di esperienza del servizio clienti

· Competenza con Microsoft Windows

· Comunicazione eccezionale e abilità verbali

· Capacità e desiderio di eccellere in un ambiente di lavoro dinamico. Sei pronto ad accettare la sfida? Perché TeleTech è pronto per TE!

Fare clic sul pulsante Apply Now per farci sapere su di te. Ancora meglio, fai domanda adesso e chiedi anche ai tuoi amici di fare domanda. Per ulteriori informazioni sul mondo delle opportunità che ti aspetta su TeleTech, visita il nostro sito web sulla

carriera
all'indirizzo **http://www.TeleTechJobs.com.**

STIPENDIO: $ 9- $ 10 all'ora

ALTRE INFORMAZIONI: DIPENDENTE

****
******** **********

TELUS

https://telus.taleo.net/careersection/10000/jobdetail.f
tl?job= 600073 & src = JB-13848

https://telus.taleo.net/careersection/10000/jobsearch.
ftl

Il link qui sopra contiene 8 lavori che possono essere
eseguiti da casa come agente a casa. L'allenamento
varia da 8 a 14 settimane. Gli stipendi sono intorno
ai $ 20hr, + benefici. Dai un'occhiata dato che non
tutti i lavori e i requisiti sono gli stessi. Tutti i lavori
sono in Canada.

LAVORO: Help Desk tecnico-Wireless-Part-Time
regolare

STIPENDIO: a partire da $ 21,59 più vantaggi.

ALTRE INFORMAZIONI: 8 settimane di formazione retribuita a tempo pieno, il programma TELUS At Home Agent è un innovativo accordo di lavoro che consente ai membri del team di svolgere le proprie mansioni lavorative da casa, piuttosto che dalla sede dell'ufficio tradizionale. An At Home Agent è in grado di lavorare da uno spazio di lavoro dedicato all'interno della propria casa utilizzando gli stessi strumenti desktop di un membro del team che lavora in ufficio.

Fletti il tuo posto di lavoro: il tuo ufficio è dove sei

Il nostro programma nazionale Stili di lavoro consente ai membri del team con ruoli idonei di adottare uno stile di lavoro mobile, **a casa** o residente.

Entro i prossimi due anni, il nostro obiettivo nazionale è quello di avere il 30% dei membri del nostro team che lavorano in ufficio e il 70% che lavora in un cellulare o a **casa** entro il 2015. Questo non solo crea flessibilità e libertà per il nostro team, ma ci consente di:

*   Migliora la nostra produttività

- Aiuta il nostro team a rimanere in salute promuovendo pratiche che migliorano il loro equilibrio tra vita lavorativa e vita privata

- Sosteniamo il nostro impegno per la sostenibilità ambientale riducendo la nostra impronta immobiliare, e quindi le emissioni di carbonio dai nostri edifici e pendolarismo Allo stesso modo, il nostro programma At Home Agent consente agli agenti del call center di lavorare interamente **da casa** , utilizzando gli stessi strumenti e attrezzature dei membri del team nel ufficio. DOVE: CA-AB-Calgary ****************************** *************

**************** **PERSONALE DEL TRAVEL INDUSTRY** http://travelindustrypersonnel. com/index.php?go=pjobs&a ction = details & jid = 1241 http://travelindustrypersonnel.com/inde x. php? go = pjobs & page = 1

LAVORO: Agente di prenotazione all'ingrosso

●· ·**Specialista di volo bilingue - Ovunque all'interno di Manitoba** ●· ·**Specialista di volo bilingue - Ovunque all'interno del Quebec** ●· ·**Specialista di volo bilingue - Ovunque all'interno del Saskatchewan** ●· ·**Specialista di**

volo bilingue - Ovunque all'interno di
Alberta ●· ·Specialista di volo bilingue - Ovunque
all'interno della British Columbia ●· ·Aria bilingue
specializzato - ovunque entro Nuova Scozia ●· ·Bilingue
Air specializzato - ovunque entro New
Brunswick ●· ·Bilingue Air specializzato - ovunque entro
Terranova ●· ·Bilingue Air specializzato - ovunque entro
Northwest Terr. ●· ·anziano Corporate Travel
- ovunque entro Manitoba ●· ·anziano Corporate Travel -
ovunque entro Saskatchewan ●· ·anziano Corporate Travel
- ovunque entro Columbia Britannica ●· ·anziano
Corporate Travel - ovunque entro Nuova
Scozia ●· ·anziano Corporate Travel - ovunque entro New
Brunswick ●· ·Viaggi aziendali - Ovunque all'interno di
Terranova ●· ·Viaggi aziendali - Ovunque all'interno del
Territorio del Nord-Ovest.

STIPENDIO: non specificato, alcuni sono pagati
dallo stipendio, alcuni solo dalle commissioni e
alcuni salari + commissioni

ALTRE INFORMAZIONI: Vendita di voli per i
viaggi, deve avere esperienza nel commercio
all'ingrosso, eccellenti capacità di comunicazione,
possibilità di lavorare da casa. Altri lavori sono
disponibili in altre aree con la possibilità di lavorare
anche da casa. Il secondo link sopra mostra tutti i
lavori, alcuni sono bilingue (francese e inglese) e la
maggior parte dei lavori è in Canada.

DOVE: Toronto, ON, Canada

```
***********************************************
******** **********
```

RISPOSTA VALIDA

http://www.validatedresponse.com/employment_inf
o.php

LAVORO: Agenti / Rappresentanti locali

Se hai una faccia sorridente e ti piace parlare al
telefono - vogliamo sentirti!

Risposta convalidata sta cercando candidati
qualificati per unirsi al nostro team di lavoro da
agenti / rappresentanti locali.

Lavorare part-time 20-30 ore settimanali
comodamente da casa tua.

Offriamo:

●· ·Risarcimento basato sull'esperienza e livello di
abilità ●· ·Ottimo ambiente di lavoro (casa
tua!) ●· ·Formazione a pagamento ●· ·Programmi
bonus e incentivi: guadagna facilmente $ 8-15
all'ora ●· ·Assolutamente nessuna chiamata alle
vendite o agli appuntamenti (no

telemarketing) ●· ·Nessun passaggio ●· ·Nessun guardaroba costoso ●· ·Nessun ingorgo

Requisiti:

●· ·Una voce telefonica professionale e articolata .Capacità di stabilire un rapporto e di seguire una sceneggiatura come a

conversazione

●· ·Forti abilità interpersonali ●· ·Ambiente di lavoro domestico tranquillo durante il lavoro programmato

e ore di formazione ●· ·Personal computer con processore Pentium 4 (1500

MHz o superiore) e 512 MB di RAM ●· ·Accesso Internet ad alta velocità tramite connessione cablata ●· ·Competenze informatiche moderate ●· ·Disponibile per lavorare più di 20 ore alla settimana

DOVE: USA

** ******* **********

VER-A-FAST

http://www.verafast.net/job_opportunities.htm

LAVORI: Servizio clienti

Rappresentante del servizio clienti (lavoro da casa)
Come ti piacerebbe lavorare dal comfort della propria casa; godere di ore convenienti; usa il tuo personal computer per aiutarci a soddisfare le esigenze dei nostri clienti? Sembra troppo bello per essere vero? Pensi ci sia un problema? Beh, non c'è. Come puoi vedere dalla nostra home page, lavoriamo principalmente con l'industria dei giornali. I nostri rappresentanti del servizio clienti lavorano dalle loro case e fanno richieste di assistenza ai clienti dei nostri giornali. In molti casi, stiamo controllando il servizio del cliente e segnalando al giornale in modo che possano prendere le misure appropriate.

Se sei attualmente occupato a tempo pieno, dovrai essere realistico sulla tua disponibilità per questa opportunità. Per destreggiarsi tra casa e lavoro le responsabilità, è necessario auto - disciplina, una pianificazione, e la cooperazione dalla tua famiglia. Il bello di lavorare per noi è che l'assistenza all'infanzia, il guardaroba e il trasporto sono praticamente inesistenti.

Sei ... ○ Un self-starter con buone capacità di comunicazione? ○ Ben disciplinato e in grado di lavorare sul tuo

proprio? ○ affidabile? ○ Organizzato? ○ In grado di impegnarsi a lavorare 16 o più flessibile

ore settimanali, soprattutto la sera e il giorno

fine settimana? Hai...

○ Un personal computer IBM compatibile con processore Pentium III o superiore, con sistema operativo Windows 2000, XP, NT, Vista, Windows 7 o Windows 8?

○ Una stampante funzionante con inchiostro e carta attaccata al computer?

○ Un monitor a colori (risoluzione 800 x 600 a 16 bit o superiore)?

○ 100 MB di spazio su disco disponibile? ○ 64 MB di RAM? ○ Un lettore CD-Rom? ○ Un modem DSL / via cavo?

○ Accesso a Internet (non satellitare) incluso il tuo account di posta elettronica?

Hai anche bisogno ... o Tipizzazione di base e abilità con il personal computer. o Un'area di lavoro tranquilla senza interruzioni.

o Una carta di sicurezza sociale e un documento d'identità con foto in corso di rilascio.

Se soddisfi i requisiti di cui sopra e hai l'impulso per far funzionare un lavoro come questo, contattaci a: Per una rapida risposta, compila il nostro questionario on-line: desideri contrattare?

Per i residenti di Greater Cleveland Area, si prega di chiamare: (440) 331-9962 ext. 3202

Per tutte le altre aree: (800) 587-4052

(24 ore al giorno per informazioni preregistrate)

PER FAVORE, NON INVIARE I RESUMI. CHIAMARE o compilare il questionario on-line.

DOVE: USA - CA, CO, CT, AK, HI, WI, NY, MA, WA, NV e OR

VFORCE

http://www.vforceagents.com/vforce/

http://0357a5f.netsolhost.com/vforce/?page_id=7

LAVORO: agenti telefonici

STIPENDIO: salari competitivi più incentivi basati sulle prestazioni.

ALTRE INFORMAZIONI: Lavorare da casa Il tasso di rotazione di VForce è molto più basso rispetto a un call center tradizionale che ha un tasso di rotazione di quasi il 100%. Nostro gli agenti hanno scelto la flessibilità e la soddisfazione di lavorare da casa. Inoltre, i nostri agenti domiciliari sono impiegati contro essere appaltatori indipendenti. Il secondo link sopra ti fornirà tutte le informazioni necessarie su come applicare, il processo di intervista, la formazione, ecc

http://www.bsgclearing.com/contact_us/careers/live-operator-independent-contractor

LAVORI: Operatori dal vivo / Agenti di verifica

STIPENDIO: $ 8,50 HR

ALTRE INFORMAZIONI: Operatore indipendente operatore indipendente

Guadagna un minimo garantito $ 8,50 all'ora, con i vantaggi di orari di lavoro flessibili e di lavoro da casa! VoiceLog è alla ricerca di operatori dal vivo indipendenti inglesi, spagnoli o bilingue con orari flessibili. VoiceLog è il fornitore numero 1 di servizi di verifica di terze parti negli Stati Uniti. I nostri operatori ricevono chiamate di verifica dal vivo per compagnie telefoniche e altri settori dei servizi che cercano di aiutare a combattere le frodi di vendita. Tutte le chiamate vengono registrate per scopi di garanzia della qualità e conformità.

Lavorare a casa come un appaltatore indipendente durante le ore 8am EST a mezzanotte EST lunedì-venerdì e ogni altro fine settimana. Puoi scegliere di lavorare turni di 2, 3, 4, 5 o 6 ore. In qualità di agente di verifica dell'operatore in entrata, guadagnerai un minimo garantito di $ 8,50 l'ora. I requisiti minimi includono:

●· ·Impostazioni locali silenziose ●· ·Personal computer con Microsoft 2000, XP, Vista o

7 o MAC OS X ●· ·Sono richiesti almeno 2 gigabyte di RAM ●· ·CPU (processore) di almeno un Pentium 4 1.6 GHz o

più alto ●· ·Internet Explorer 7.0 o
superiore ●· ·Microsoft Word, Excel e una stampante
di lavoro ●· ·provider di posta elettronica a pagamento
che permette di spazio sufficiente per

ricevere documenti abbastanza grandi ●· ·Affidabile
DSL o cavo ad alta velocità di accesso a Internet

(dialup o satellite non accettabile) ●· ·L'attuale
software antivirus e Ad-W sono software ●· ·account
AOL Instant Messenger ●· ·Una seconda linea
telefonica (già installata) dedicata a

accettare chiamate in entrata, senza funzioni (no VOIP,
no

telefono digitale, nessuna chiamata in attesa, segreteria
telefonica ecc.) ●· ·Almeno 1 anno di esperienza di
assistenza clienti

(call center in entrata o in uscita)

DOVE: USA

Weebly

http://www.weebly.com/jobs.php

Località: San Francisco, CADpartiario: Weebly, Inc.
Tipo: Contratto Min. Esperienza: livello base

** DEVI AVERE UN'ECCELLENTE COMPRENSIONE DELLE TECNOLOGIE WEB ED ESSERE FAMILIARE CON I SITI WEB DELL'EDIFICIO. PER FAVORE NON FARE DOMANDA A MENO CHE NON SIA QUESTE COMPETENZE. **

Stiamo cercando un individuo qualificato per **telelavorare / lavorare da remoto** come membro del team di assistenza clienti di Weebly.com.

La vostra principale responsabilità sarebbe quella di fornire risposte via e-mail alle richieste dei clienti di aiuto utilizzando il servizio Weebly.com. Il tuo stile di scrittura deve essere chiaro, chiaro e professionale.

Questa è una posizione part time, che dovrebbe richiedere 20-25 ore settimanali. Le ore effettive lavorate sono flessibili.

Il risarcimento è $ 17 / ora.

*** ******** **********

WELLPOINT E 1-800 CONTATTI LAVORO A CASA

http://www.careersatwellpoint.com/job-search-results.aspx

1-800 CONTATTI Senior Network Engineer, BILINGUAL Spagnolo-Inglese RN I / II Linea infermiera 24/7 Telelavoro!

Clin Prog Manager,

Database Administrator Sr, Field Sales & Service Rep (Medicare),

Field Sales & Service Rep (Medicare),

Reparto vendite e assistenza (Medicare), consulente sanitario o consulente senior o dirigente, spec . Medica I (famiglia di lavoro),

Infermiera caso Mgr I / II / Sr (OB ad alto rischio, maternità),

●· ·Supervisore del programma di supervisione Sr, Analista della proposta di sviluppo Sr (salute e benessere) Tutte le sedi, linea infermiera RN I / II 24/7 - PT o FT (Atlanta, GA), linea infermiera RN I / II 24/7 - PT o FT (Telelavoro), RN 1 / ll Linea infermiera 24/7 - PT o FT (Atlanta),

Contatto clinico RN Provider - Anthem Blue Cross è un orgoglioso membro della famiglia di società WellPoint ed è uno dei maggiori e più grandi assicuratori sanitari della California. In Anthem, ci dedichiamo a migliorare la vita delle persone che serviamo e della salute delle nostre comunità. Porta la tua esperienza alla nostra cultura innovativa e orientata ai risultati e scoprirai ricompense durature e l'opportunità di portare la tua carriera più lontano di quanto tu possa immaginare.

Località: California (lavoro da casa) Devi vivere in California e poter visitare i Provider (fino al 50% di viaggi richiesti).

Specialista di assistenza specialistica in droghe - in tutto il mondo

ALTRE INFO: molti lavori disponibili in campo medico. 1-800 CONTATTI è un'azienda che vende lenti a contatto. WELLPOINT è una società diversificata che offre servizi di vendita e assistenza in campo medico. Le posizioni di lavoro a casa devono essere nell'area specificata per ciascuna, e alcune di esse sono a livello nazionale .

DOVE: UT, Draper, AZ; Phoenix: Nationwide; a livello nazionale; a livello nazionale; Bakersfield, CA (contea di Kern); CA, Visalia, CA, Los Angeles; St. Louis, area di MO; Inland Empire (San Bernardino / Riverside County), California,

CA, Riverside CA, Corona CA, Los Angeles; GA, Columbus GA, Atlanta; VA; California, Indianapolis, Atlanta, Richmond; a livello nazionale; a livello nazionale; Atlanta, GA; Atlanta, GA, Nationwide;

OVEST A CASA

http://www.apply.westathome.com/index.html

LAVORI: Servizio clienti

STIPENDIO: tariffa al minuto, per chiamata o tariffa oraria garantita (minima garanzia salariale)

ALTRE INFORMAZIONI: West at Home è un servizio pluripremiato della West Corporation, il principale fornitore nazionale di soluzioni di comunicazione in outsourcing. Ci avvaliamo di migliaia di agenti domiciliari dislocati in tutto il paese e dell'infrastruttura più robusta e avanzata del settore per offrire un servizio superiore ai clienti dei nostri clienti.

Quando sei un agente domiciliare, la flessibilità è lì per il tuo programma e le priorità di vita, ma l'aspettativa di professionalità, lealtà e spinta a prendersi cura dei resti dei dipendenti. West at Home è diverso dalle altre opportunità di lavoro in casa in quanto è gestito come un business, i dipendenti sono trattati come professionisti e il supporto è disponibile, l'unica differenza tra West at Home e altre aziende di successo è che oltre la metà dei suoi dipendenti lavoro da casa. Passa un po 'di tempo sul nostro sito di carriera per vedere se diventare un agente di West at Home è giusto per te.

Lavorare da casa Lavorare da casa significa qualcosa di diverso per tutti. Per alcuni, è la flessibilità di impostare il proprio programma o i mezzi per un secondo reddito e per gli altri è una scelta personale a causa di situazioni familiari o di vita. Ogni giorno gli agenti di West at Home trasformano il loro ufficio a casa in un centro di supporto per uno dei nostri numerosi e noti clienti. L'opzione di lavorare da casa è emozionante, ma può anche sembrare inizialmente spaventoso entrare in un territorio sconosciuto. Esplora questa sezione per scoprire cosa differenzia davvero l'Occidente dalle altre opportunità di lavoro a casa.   L'ambiente di formazione West at Home offre ai nostri agenti l'opportunità di allenarsi a casa tramite Instructor Led Training (ILT) in cui gli agenti hanno un programma di formazione in un'aula virtuale in tempo reale che offre maggiore socializzazione con i colleghi e l'opportunità di sviluppare relazioni con quelli con cui lavorano! Inoltre, e in base al progetto, offriamo ai nostri agenti anche un'opportunità di formazione assistita dal computer, autonoma! Cosa fai I nostri agenti supportano molteplici esigenze del cliente. Però, a seconda del progetto potresti essere:

1. Ottenere, inserire e verificare le informazioni dei clienti 2. Rispondere alle domande dei clienti e risolvere i problemi 3. Spiegare le funzioni di vendita o offrire prodotti aggiuntivi o

Servizi

DOVE: USA

LAVORO: Collettatori di dati telefonici bilingue vietnamiti

Abbiamo aperture immediate per i raccoglitori di dati telefonici bilingue vietnamiti per i nostri progetti di ricerca in scienze sociali. L'attività principale di questa posizione consiste nel porre domande su una varietà di argomenti, come l'istruzione, l'ambiente, la salute e i trasporti. Tutti i collezionisti di dati telefonici dovranno lavorare in inglese e vietnamita e devono avere una voce parlata chiara. I candidati devono essere in grado di lavorare 15 - 40 ore a settimana durante i seguenti orari:

• Dal lunedì al venerdì, dalle 18:00 alle 12:00, fuso orario orientale • Sabato, dalle 10:00 alle 18:00, fuso orario orientale • Domenica, dalle 14:00 alle 22:00, fuso orario orientale. Qualsiasi offerta di impiego sarà subordinata al ricevimento di risultati accettabili da uno screening di background basato sulla specifica posizione che includerà almeno la storia dei casellari giudiziari.

I candidati sono tenuti a: • Avere bilingue in inglese e vietnamita • Avere almeno 18 anni o più • Fornire un campione di voce • dispone di un computer basato su Windows affidabile e la stampante (Apple / Mac non è compatibile) • Avere un abbonamento a un affidabile, alta fornitore di servizi Internet di velocità • Avere una webcam con funzionalità video e audio e possibilità di ottenere un account Skype • Essere in grado di essere contemporaneamente su Internet (via cavo o DSL) e su un telefono fisso (con cavo) • Avere computer potente abilità • Avere la capacità di lavorare almeno 15 ore settimanali, principalmente la sera e / o le ore del fine settimana

NSHB-Intervistatore

Attualmente stiamo cercando individui motivati e orientati ai dettagli per lavorare nell'area della contea di DeKalb per raccogliere dati per lo studio nazionale sui comportamenti relativi alla salute (NSHB) che esaminerà l'uso del tabacco e il modo in cui influisce sulla salute delle persone negli Stati Uniti . Agli intervistatori sarà richiesto di localizzare, ottenere cooperazione, schermare e intervistare adulti e giovani nelle loro case. Gli intervistatori mostreranno agli intervistati adulti come raccogliere cellule guance (cellule buccali) e campioni di urina usando kit di auto-raccolta e coordinare gli appuntamenti per un prelievo di sangue da parte di un flebotomo esperto. Gli intervistatori inoltre riceveranno e trasmetteranno regolarmente dati via Internet a banda larga e segnaleranno i progressi e i costi al proprio supervisore.

I candidati interessati dovrebbero visualizzare il video dell'intervistatore NSHB per ulteriori informazioni su questa posizione prima di presentare una domanda. Per visualizzare il video, visitare www.westat.com/fieldjobs e immettere l'ID lavoro per questa posizione. I candidati devono:

• possedere una buona comunicazione e competenze informatiche di base; • Avere una connessione Internet a banda larga e una rete fissa

telefono in casa;

• Essere in grado di sollevare e trasportare 30 libbre (attrezzature e materiali), camminare fino a due blocchi e salire una rampa di scale con o senza accomodamenti ragionevoli;

• Essere disposti a lavorare 25-30 ore a settimana, comprese le serate e i fine settimana; • Avere una patente di guida valida (corrente) che non sia in sospensione e regolare accesso a un veicolo assicurato e affidabile; e

• Partecipare a una sessione di allenamento fuori città per 5 giorni e mezzo.

Gli intervistatori bilingue fluenti in spagnolo sono incoraggiati ad applicare. Qualsiasi offerta di impiego sarà subordinata al ricevimento di risultati accettabili da uno screening di background basato sulla specifica posizione che includerà almeno la storia dei casellari giudiziari.

Ottime capacità di lettura preferite. Questa è una posizione non esente a tempo parziale con benefici limitati. Il tasso di paga oraria dipende dalla posizione geografica e dal livello di esperienza. Questa posizione richiede un viaggio locale. Lavorare a questo studio può essere un'esperienza affascinante e gratificante. Se sei un autodidatta affidabile questa posizione potrebbe essere giusta per te.

STIPENDIO: $ 8,25 / ora (Ing.), $ 10,25 / ora (Bi-Li), + $ 2 / ora (fine settimana) Dipendente posseduto

ALTRE INFORMAZIONI: Intervistatori
https://sjobs.brassring.com/TGWebHost/nobranderr
or.asp x? ErrMsg = NoCookieGetSessionIdForXML

DOVE: USA - Lavori di intervistatore in molti stati diversi, controllare il link qui
sopra. ** ************** **********

WORKETC

http://support.worketc.com/Community/Forums?To
pic=30 20

Quali sono le responsabilità?

●· ·Collabora con i nostri nuovi clienti per aiutarli a capire come WORKetc farà crescere la propria attività

●· ·Seguire un processo raffinato di qualificazione e scoperta per promuovere i clienti di prova attraverso l'acquisto, gestendo l'intero ciclo di vendita

●· ·Riferire direttamente al direttore delle vendite, imparando dall'esperienza di 15 anni nelle vendite di software aziendali

Quali qualità stiamo cercando?

●· ·Idealmente si arriva all'interno del settore SaaS,

con esperienza di vendita per le piccole imprese

●· ·È necessario essere estremamente professionale, ben

Presentato e
dinamico ♋♎♎♏♦♦□ ♋●●♏·vendite

●· ·DEVI essere alla ricerca di un progresso nella tua carriera e

alla ricerca di un'opportunità a lungo termine

Printed in Great Britain
by Amazon

45062298R00213